KB040176

독립운동과 민주화의 큰 별

해공 신익희 평전

일러두기

- 중국어 등으로 된 외국 지명 및 인명의 표기는 국립국어원 외래어표기법에 따랐으며, 인용문에서 한자 음독으로 표기되어 있는 부분도 표기법의 통일을 위하여 원어 발음 표기대로 수정하였습니다.

- 본문에서 사용한 참고 자료를 표시할 때 단행본은 『 』, 저널·신문은《 》로 구분하여 표기하였습니다.

독립운동과 민주화의 큰 별

해공 신익희 평전

김삼웅 지음

동아시아

차례

제2부 해방조국 민주화의 큰 별로 살다

독립운동과 민주화의 큰 별
해공 신익희 선생

항일학생운동 → 3·1 혁명 참여 → 대한민국 임시정부 의정원의원 → 임시정부 내무차장 → 임시정부 내무총장 대리 → 국무원비서장 → 법무총장·문교부장·외교부장 → 중국군 육군중장 → (중국) 난징南京(남경) 정부 심계원장 → 한국혁명당 조직 → 민족혁명당 참여 → 김원봉 등과 조선의용대 결성 → 한중문화 상무이사 → 충칭重慶(중경) 임시정부 내무부장(겸 국무위원) → 환국 후 반탁위원회 결성 → (대북) 정치공작대와 행정연구반 조직 → 국민대학교 창립(학장) → 자유신문사 사장 → 남조선과도입법원 민선대의원 → 대한체육회장 → 남조선과도입법원 의장 → 제헌국회의원 무투표당선 → 제헌국회와 2대국회 의장 → 대한국민당 결성(위원장) → 민주국민당 결성(위원장) → 3선의원 당선 → 호헌동지회 결성 주도 → 재야정치연합전선으로 민주당 창당(대표최고위원) → 민주당 대통령후보 → 40만 인파 한강 백사장에서 대통령후보 연설 → 호남지방 유세차 호남선 열차 안에서 뇌일혈로 사망.

약술한 해공海公 신익희申翼熙 선생의 경력이다. 선생은 조선 말기 사회적 모순이 복합적으로 폭발하던 1894년에 태어났다. 동학혁명이 일어나고, 김옥균이 상하이上海(상해)에서 홍종우에게 암살되었으며, 일본군이 경복궁을 침범하고, 청일전쟁이 발발하고 갑오개혁이 시작되었으며 순창에서 전봉준이 체포되는 등 그야말로 격동과 격변의 해였다.

격동기에 태어난 해공 선생은 조국독립과 민주화를 위해 헌신하다가 1956년 대통령선거 도중에 63세를 일기로 숨졌다. 생애의 전반기 대부분을 독립전장에서, 후반기는 이승만의 폭정에 맞선 민주전선에서 싸웠다. 쉴 틈이 없는 폭풍우 같은 생애였다.

독립운동가 출신 중에 신생 대한민국 정부에 참여한 분이 적지 않지만, 임시정부의 요인으로서 두 차례의 국회의장을 지내고 민주세력의 뿌리라고 할 수 있는 민주당을 창당하고 대통령후보까지 이른 분은 그가 유일하다. 그것도 국민의 절대적인 지지 아래 수평적인 정권교체를 목전에 두고 급서함으로써 국민의 애통함과 민주주의가 굴절되는 아픔을 불러왔다. 사후에 실시된 선거에서 추모표가 무려 200만 표가 넘었다.

당시(1956년) 서울 인구 150만 정도일 때 교통이 불편했던 서울 한강변 모래밭에 40만 인파가 참여할 만큼 그에 대한 국민의 기대와 신뢰는 높았다. 민주당이 "못 살겠다 갈아보자"라는 선거구호를 내걸자 자유당은 이에 대해 "갈아봤자 더 못산다"라는 어처구

니없는 구호로 맞섰다.

해공 선생의 서거로 정치는 다시 이승만의 독무대가 되고 부정부패는 더욱 심해졌다. 민주주의는 형해화되고 주요 외신은 "한국에서 민주주의를 바라기는 쓰레기통에서 장미가 피기를 바라는 것과 다르지 않다"라고 조롱하였다. 실제로 이승만 정권의 폭정은 4년 뒤 3·15 부정선거를 획책하기에 이르고 마침내 청년·학도들의 봉기로 4·19 혁명이 일어나면서 종식되었다. 전국적으로 186명의 사망자와 6,026명(당시 통계)의 부상자가 발생했다. 이승만 정권의 경찰과 깡패들에게 희생된 것이다.

그때 해공 선생이 급서하지 않고 집권했으면 그의 해박한 정책과 경륜으로 우리나라는 일찍 근대화를 이루고 한국의 민주주의는 더욱 빨리 개화되었을 것이다. 불행하게도 그는 너무 일찍 눈을 감았고, 이승만의 퇴출 이후에는 군사독재자들의 정권 탈취로 박정희·전두환·노태우로 이어지는 30년이 넘는 군부독재를 겪어야 했다.

해공 선생은 일본 유학 시절 때부터 남다른 애국심을 보였다. 안재홍·송진우·문일평 등과 학우회를 조직하여 회장을 맡으며 기관지 『학지광學之光』을 발행하여 유학생들의 민족의식을 고취시키고, 백남훈 등과 비밀결사 조선학회를 조직하여 2·8 독립운동의 주도세력을 형성하였다.

중국에 망명해서는 임시정부 참여는 물론 사회주의 계열의 단체·정당에도 참여하여 통합을 추진하는 등 폭넓게 활동하였다. 그리고 태평양전쟁을 전후하여 임시정부의 좌우합작으로 다시 내무부장의 중책을 맡았다. 환국 후에는 임시정부 내무부장의 명의로 '국자國字 제1호'와 제2호를 잇따라 발령하고 "현재 전국 군정청 소속 경찰과 한인 직원은 전부 본 임시정부 지휘하에 예속된다"라고 선포, 미군정과 맞섰다.

김구 주석과 김규식 부주석 등 임시정부 지도부는 단독정부 불참 노선을 택했지만 그는 현실정치에 참여한다. 남북협상과 관련해서 '여호모피론與狐謀皮論', 즉 "여우와 더불어 값진 모피를 얻을 의논을 한다는 것은 의미가 없다"라는 주장을 폈다.

신익희는 전통적 소양과 근대적 소양을 균형 있게 접목시키고 외교·법률·내무에 능통한 문인적 풍모이면서도 군사·무력의 중요성을 아는 지도자, 풍찬노숙의 민족운동가와 합리적 선택에 능한 현실정치인의 면모가 적절히 배합된 드문 인물로 꼽힌다.[1]

독립운동과 민주화운동에 초석을 놓은 해공 신익희 선생의 파란 많은 삶을 추적한다. 그의 생애는 독립운동사이고 해방 전후사이며, 1950년대의 정당사이자 민주투쟁사이다.

---

1   도진순, 「해방 전후 신익희의 노선과 활동」, 『한국현대사인물 연구 (2)』(백산서당, 1999), 94쪽.

제1부

독립운동의 큰 별로 떠올라

대한민국임시정부 국무원 성립기념(1919.10.11).
앞줄 왼쪽부터 신익희·안창호·현순. 뒷줄 왼쪽부터 김철·윤현진·최창식·이춘숙.

학덕의 아버지와 현숙한 어머니

1894년 7월 11일 경기도 광주군 초월면 서하리 67번지 속칭 사마루 마을에서 건강한 아이가 태어났다. 아버지는 64세의 평산 신씨 신단申檀이고 어머니는 세 번째 상처 뒤 네 번째 부인으로 들어온 동래 정씨 경랑敬浪이다. 평산 신씨의 시조는 왕건을 도와 고려 건국의 1등 공신이 된 신숭겸 장군이고 고려·조선 왕조 천 년간 평산 신씨는 명문거족으로 알려진다.

신단은 구한말 장례원경掌隷院卿으로 출사하면서 거듭 상처하고 젊은 여성 동래 정씨를 후처로 맞아 둘째아들을 보았다. 신익희가 태어난 것이다. 그의 증조부가 강원 감사로 있을 때 자기 아버지의 봉양을 위해 집을 지으면서 사마루에서 4, 5대에 걸쳐 살게 되었다.

신익희는 본래 6형제였다. 큰어머니인 풍양 조씨 소생의 보희輔

熙가 맏형이나 아버지의 형에게 양자로 입양되고, 세 번째 어머니 전주 이씨가 낳은 규희揆熙·필희弼熙·정희庭熙 3형제가 있었다. 정희가 다섯 살 때 어머니를 잃게 되자 아버지는 다시 배필로 동래 정씨를 맞았고, 재희宰熙에 이어 6형제의 막내아들로 그가 태어났다.

신익희는 나이 든 아버지와 젊은 어머니의 사랑을 담뿍 받으며 건강하게 자랐다.

아버지는 문장에 능하고 덕망 있는 유지였다. 학덕이 넘치며 해 금에도 조예가 깊어 칭송을 받는 신판서였다. 한편 어머니는 여장부의 기풍을 겸비한 현숙한 부인이었다. 해공은 아버지의 원숙한 교훈과 학식이 뛰어난 백형伯兄 규희에게서 글을 익히며 자랐다.

특히 백형 규희는 보학譜學에 능한 선비로 진사를 거쳐 지금의 구청장에 해당하는 동부도사東部都事를 지냈으나, 벼슬에 나가지 않고 집안 살림을 도맡아 하는 시골의 숨은 학자였다.[1]

신익희는 어렸을 적에 아버지와 백형으로부터 공부와 훈도를 받으면서 성장한다. 동학혁명과 청일전쟁으로 나라 안팎이 소연했지만 그가 자라는 지역은 아직 평온한 상태에 있었다. 자신이 회고하는 소년기 배움의 과정은 이러하였다.

백형伯兄님의 글이 웅문거벽雄文巨擘이었으나, 갑오경장 후로는

---

1 유치송, 『해공 신익희 일대기』(해공 신익희 선생 기념사업회, 1984), 65쪽.

제1부 | 독립운동의 큰 별로 떠올라
14

과거제도가 없어졌으므로 그때에 벼슬길에는 나가지 않았으므로 주로 살림을 맡아 하면서 그때 시골 서향세족書香世族에 흔히 있는 일로 가숙家塾을 설치하고, 우리 형제·숙질·사촌·육촌·인척 아이들이며 과갈지친瓜葛之親의 자질子姪들을 데리고 글을 가르쳤다.

나는 다섯 살 때에 그 백형님에게 비로소 『천자문』을 배우기 시작했다. 전날 배운 글을 이튿날 아침 암송하는 일과인데 나는 『천자문』한 권 모두 떼는 데 있어서 외우지 못하여 종아리 맞아본 일이 한 번도 없었다.

한편 내 조카 정균鼎均은 두서너 번 종아리를 맞는 것을 보았다. 나나 조카나 똑같이 배우면서 나는 죽죽 내리 외우는데 내 조카는 끙끙거리며 외우지 못할 때는 종아리를 휙휙 때리셨다. 맞는 아들은 아파서 울고, 때리시는 아버지 되시는 큰형님께서는 분하기도 하시고 애처롭기도 하셔서 부자분이 같이 우시던 일이 지금도 기억에 생생하다.

그래도 십여 명을 가르치시는데 나하고 내 조카 정균이 그중 두각이 드러났었다.

나는 번번이 "잘 외웠다. 참 잘 읽었다" 등등 칭찬을 늘 들었는데 다른 아이들 가운데 이틀 사흘을 두고 외우지도 못할뿐더러 읽지도 못하는 아이가 있을 때에는 책을 앞마당으로 홀홀 내던지시며 화를 내시면서 펄펄 뛰시는 것 뵈오면 큰형님께 동정도 가더라. 남이 아닌 내 동생 내 아들 내 조카들이기에 좀 더 많이, 좀 더 잘 가르치시려 힘쓰시던 소이연所以然이다.[2]

유복한 환경 속 신분상의 올가미

신익희는 대단히 총명한 두뇌의 소유자였다. 열 살 전후해서 사서삼경四書三經을 읽고 집에 소장되어 있는 각종 도서와 『삼국지연의』·『수호전』 같은 소설을 읽었다. 글씨를 잘 써서 인근에 소문이 나면서 소년의 글씨를 받으러 오는 사람이 많았다고 한다.

특히 글씨 재주가 있다 하여 어른들에게 칭찬을 듣고, 열 살이 다 못 되어서 아이로서 글씨를 잘 쓴다는 소문이 근동에 퍼져나가서 글씨를 받으러 오는 사람이 많았다. 그럴 때마다 신이 나서 글씨를 써 주던 생각이 난다. 이 칭찬에 더욱 신바람이 나서 사랑 앞 모래 땅에 꼬챙이를 깎아가지고 글씨 연습을 하느라고 기나긴 봄날이 저무는 줄 모르고 연습에 열중했던 때도 한두 번이 아니었다.

다른 동무 아이들이 이를 부러워하고 시기하여 옆에 와서 흉내를 내며 방해하면 격분하여 일어서서 멱살잡이하며 싸운 일도 기억난다.[3]

그는 학덕이 깊은 아버지와 정숙한 어머니, 교양이 넓은 큰형의 가르침 등 유복한 환경에서 자랐다. 하지만 서자라는 신분상의 올가미는 감수성이 예민한 그에게 충격이고 저항정신의 발원지가 되었다. 동학의 폐정개혁안과 갑오개혁으로 신분 타파·과부의 재혼

---

2 「구술 해공 자서전」, 신창현 저, 『해공 신익희』(해공 신익희 선생 기념사업회, 1992), 46쪽.
3 「구술 해공 자서전」, 48쪽.

신익희 생가(경기도기념물 134호).

등이 개혁의 대상으로 제기되었으나 현실은 여전히 반상과 적서차
별이 유지되었다. 양반가일수록 이 같은 차별 의식이 극심했다.

아무리 명문가의 성스러운 혈통을 받았다 한들 해공은 서자의 취
급을 면할 수 없었다. 이는 몸 둘 바 모르는 비극이었다. 철이 들어
선대의 제사를 지낼 때면 떳떳하게 조상도 받들 수 없는 당시의 낡
은 풍습을 혁파하고자 벼르고 벼르던 중 쉽사리 뜻을 이루기 어렵
게 되어 한번은 제사상을 뒤집어엎으며 야성적인 기질을 아낌없이
발휘하여 개혁자다운 용기도 발산해서 마을 일대에 한때 소문도 자
자했다.[4]

항일운동에서 반독재투쟁으로 일관한 신익희의 저항정신은 어릴 적 서자 출신이라는 신분차별에서 발아된 것이다. 자칫 어릴 적의 저항심은 반사회적·반윤리적으로 발산되기 쉽지만, 민족의식으로 발현되어 이는 큰 인물로 성장하는 자양분 역할을 하게 되었다.

특히 8, 9세 때 일이다. 당시 재상宰相이던 문정공文貞公 이도재李道宰 씨가 우리 동네 안골에 있는 그분의 친산親山에 해마다 한식·추석 절사節祀에 참사하러 오는데 꼭 내 집에 들렀다. 내 아버지와는 거의 이십 년 연하이므로 꼭 와서 뵙고 가는 것이 연례 행사였다. 이 해에는 내가 『시전詩傳』을 읽기 시작했는데, 이 어른 오던 그날에는 진풍秦風의 「사마편駟馬篇」과 「소융편小戎篇」을 읽던 중이었다.
이 어른이
"아 숙성하다. 네 나이에 벌써 『시전』을 읽다니, 너 오늘 배운 사마·소융 이 두 편을 암송暗誦하고 그 뜻을 해설할 수 있겠느냐?"
하기에 신바람 나게 두 편을 모두 외우고 뜻을 말씀드렸다. 그는 아주 신기해하며 칭찬을 하고 돌아갔는데 그다음 날 하인을 우정 보내며 마구리에 '청靑'·'홍紅' 딱지 붙인 두루마리와 향내가 물씬물씬 나는 먹墨과 붓을 보내주었다. 그때의 그 기쁨은 지금까지도 잊히지가 않는다.[5]

---

4   유치송, 『해공 신익희 일대기』, 61쪽.
5   「구술 해공 자서전」, 48쪽.

영민한 소년이 궁벽한 시골에서 자라고 있을 즈음 나라의 사정은 혼란이 거듭되었다. 민비(명성황후)가 일본인들에 살해되고 김홍집 내각은 성인 남자의 상투를 자르라는 단발령을 내렸다. 민비 살해와 단발령에 반발하여 유생들이 봉기하는 을미의병이 삼남 지방을 중심으로 일어났다.

을미사변과 단발령 이후 반일 감정이 높아진 상태에서 이범진·이완용 등 친러파와 러시아 공사 베베르가 공모하여 고종을 러시아 공사관으로 이주하는 아관파천이 일어났다. 서재필이 최초의 민간신문《독립신문》을 발행하고, 최초의 시민단체 독립협회가 결성되어 활동하였다. 조선사회는 격동기에 빠져들고 있었다.

15세에 결혼, 한성외국어학교에 입학하다

갑오년 풍운이 거센 해에 태어났으나 아직은 무풍지대에서 성장하던 신익희가 10대를 넘기면서 주변과 가정에 비바람이 들이닥쳤다. 1896년 2월 인근 고을 이천의 의병들이 일본군이 점거한 남한산성을 점령했다가 한 달여 만에 빼앗기면서 많은 의병이 희생되었다.

12세 때에는 끔찍이도 막내아들을 사랑하고 가르쳐주신 아버지가 76세를 일기로 눈을 감았다. 조숙한 편이었지만 아버지를 떠나보내기에는 아직 철부지 소년으로 신익희는 상심이 컸다. 형제들과 3년 상을 치렀다.

아버지 3년 상이 끝나고는 조카 두 명과 남한산성에 새로 생긴 소학교에 입학하여 한두 달 다니다가 중단하였다. 단발을 하고 검정색 무명 두루마기를 입고 그곳에서 숙식을 하며 다닌 학교는 별로 배울 만한 것이 없어서 그만둔 것이다.

그 사이 나라의 사정은 더욱 어려워지고 있었다. 1904년 한일의정서가 체결되어 일본군이 한국에 전략 요충지를 수용할 수 있게 되고, 이용구·송병준 등 매국노들이 일진회를 조직하여 일본군 앞잡이 노릇을 하고, 1905년 외교권이 강탈되는 을사늑약이 강제되는 등, 일제의 침략으로 국권이 바람 앞의 촛불과 같은 운명이 되었다.

신익희는 조혼의 관례에 따라 15세 되는 1908년 초 연안 이씨 영재참판의 3녀 이승희李承姬와 결혼하였다. 부인이 한 살 연상이었다. 나라가 어려울수록 신문명을 배워야 한다는 큰형님의 뜻에 따라 그해 봄에 2년 연상인 조카 정균이와 함께 서울로 왔다. 처음에는 정균이의 처가에서 지내다 호조판사를 지낸 분의 가정교사 자리를 구해서 숙식을 해결하고 학비에 보태었다. 집에서 학비와 숙박비를 받아와 쓸 형편이 못 되어 자립한 것이다.

이 해 봄 한성외국어학교 영어과에 입학하였다. 정부는 1897년 서울에 외국어학교를 여섯 군데 세웠다. 영어·불어·한어(중국어)·일어 등을 가르치고, 학급당 50명가량을 뽑았다. 그가 영어를 택한 것은 선진적인 서구문명을 알기 위해서는 영어가 필수적인 것으로 이해한 것이다.

서울에 올라온 나는 두 가지로 공부할 길을 생각하였다. 하나는 법률 양성소에 다녀 법률을 배워 무지한 민중이 법망에 걸려서 고생하는 것을 구제하여 보려는 것이요, 다른 하나는 영어학교에 들어가서 영어를 배워 서구의 진보한 문화를 흡수하려는 것이었다.

나는 필경 당시 우리나라의 유일한 관립 한성외국어학교 영어과에 입학하였고, 조카는 같은 학교 한어과漢語科에 입학하였다.[6]

한성외국어학교는 관립이었으나 학비가 유료이고 숙식까지 각자 해결해야 했다. 과거제가 사라지면서 조정의 내로라하는 실력자들의 자제가 많이 들어왔다. 그만큼 경쟁률이 높았다. 신익희는 여기서 발군의 실력을 보인다.

그때의 영어학교에는 독본과 문법을 영어로 배우는 것은 물론 역사·지리·대수·기하 같은 것을 모두 영어로 배웠는데 소학교 과정도 완전하게 마치지 못한 그때의 학생으로는 큰 부담이었다. 교관은 한국사람이 대부분이었으나 영국사람들도 있었다.

그 당시 현대적으로 낙후된 우리나라 사람들을 대하는 영국인 교사들은 대단히 오만하여 학생들을 멸시하고, 공부를 잘 못하는 학생에게는 우리말로 '지게꾼놈'·'상놈' 하고 욕하면서 가르치는 데 쓰는 분필 토막으로 면상이나 머리를 함부로 내갈기는 것이 상례였다.

----

6 「구술 해공 자서전」, 51쪽.

나는 이런 수모를 당하지 않으려고 열심히 공부하여 성적은 때로는 평균 98점을 받아서 그런 멸시는 당하지 않았다. 이 무렵 이 외국어학교 영어과의 나와 한어과의 조카 정균이 두각을 드러냈다. 나는 융희 황제비 윤 황후의 오라버니 윤홍섭尹弘燮과 정구영鄭求瑛과 세 사람이 일등을 다투었고, 한어과에서는 조카 정균이 조 대왕대비의 조카 조남준趙南俊과 일등을 다투어 숙질이 함께 두각을 드러냈다.[7]

국치 직전에 학교 문이 닫혀

신익희는 한성외국어학교에 다닐 때 지금의 새문안교회 옆 이윤신이라는 고향친구네 집에서 하숙을 하였다. 동기생으로 평생 지우 관계이던 국어학자 일석 이희승은 이때를 이렇게 회고하였다.

내가 입학했을 때는 영어부 1학년에 갑, 을 2개 반이 있어 학생 수는 1백여 명이 넘었다. 우리 학급에는 해공 신익희 군과 공화당 당의장을 지낸 정구영鄭求瑛 군, 그리고 윤비尹妃의 남동생 윤홍섭尹弘燮, 사촌동생 윤정섭尹貞燮 등이 있었다.

나보다 두 살이 위인 신익희 군은 명석한 두뇌와 원만한 성품으로 동료 학생들과 교사들에게 인기가 높았다. 한 고향[광주廣州]친

---

7 「구술 해공 자서전」, 52쪽.

구 이윤신李允信의 집에 기숙했던 그는 15세 소년 시절에도 매우 점잖고 조숙했다.

그는 한 달에 한 번씩 열리는 담화회談話會 때에 특히 명성을 떨쳤다. 5개부 학생과 전 교직원이 모두 모인 자리에서 신 군은 이솝 우화寓話를 유창한 영어로 말하곤 했다. 암기한 것을 그대로 말하는 것이긴 하지만, 정확한 발음과 억양, 그리고 제스처까지 능란하게 구사하는 그를 보고 학생들은 물론 교사들도 찬사를 아끼지 않았다.[8]

담화회란 요즘의 토론회와 같은 것이다. 한 달에 한 차례씩 열리는 토론회에서 그는 발군의 능력을 보여서 학생들은 물론 교사들에게 인기를 얻었다. 뒷날 독립운동 진영에 함께한 철기 이범석의 회고를 통해 당시 신익희의 어려웠던 생활상과 수재라는 평가를 살필 수 있다.

유년 시절에 나는 집에서 한학을 배웠다. 외숙 이태승李兒承 씨가 나를 지도해주었는데, 그는 당시 외국어학교에 다니고 있었다. 외숙과 같이 이 학교에 다닌 분으로 해공 신익희 씨가 있었다.

그때의 해공은 무척 가난한 학생으로 수재라는 말을 듣고 있었다. 가세가 말이 아닌 모양이었다. 구두창은 완전히 없고 발가락만을 덮는 형체만의 목발 구두를 신고 우리 집에 드나들고는 했다. 한때는 우리 집에서 그의 침식을 부담하기도 하고 그때만 해도 가세가

---

8 이희승, 「다시 태어나도 이 길을」, 신창현 저, 『해공 신익희』, 90~91쪽, 재인용.

흡족한 형편이라 더러는 해공의 학비도 선친께서 대는 모양이었다.

해공이 어린 나를 업고 다니며 귀여워해준 것도 아주 인상적이었다.

후일 상하이에서 해공을 만났을 때의 기쁨은 눈물어린 것이었다.

해공은 다시 없이 유하고 정이 많은 성격의 소유자라 암벽에 유리를 때리는 내 성미와 맞을 리가 없다. 그는 나와는 성미가 대조적이었지만, 나는 독립투쟁을 하는 동안 그가 내 선배임을 한시라도 잊지 않고 있었다.[9]

천성적으로 호방한 성격이었던 그는 가난 속에서도 활기차게 학창생활을 하였다. 축구단을 조직하여 주장으로 활약하면서 짚신을 신고 운동장을 누볐다. 학우들과 날로 기울어가는 나라의 앞날을 걱정하며 술잔을 비우고, 그러다 보니 주량이 늘어나고 소문이 돌자 한때 가정교사로 있었던 집 주인 이 판서가 불러 충고를 해주기도 했다.

3년제 외국어학교는 원래 1911년이 졸업예정인데 1910년 8월 29일 국치 직후인 10월에 문을 닫았다. 학생들의 집단적인 저항을 우려하여 졸업시기를 1년여 앞당긴 것이다. 하루빨리 서양문명을 익혀 나라를 발전시키고자 열심히 공부하던 그는 17세에 나라를 잃은 소년이 되었다. 폐교 소식을 전한 스승의 모습과 소년의 심경을 이렇게 적었다.

9 　이범석, 「나의 교우 반세기」, 신창현 저, 『해공 신익희』, 92쪽, 재인용.

망국의 설움에 눈이 붓도록 운 윤태헌尹泰憲 선생이

　　"너희들 학생들은 나라 일에 너무 관심 두지 말고 공부나 잘하여라. 너희들이 저들만큼 개화되면 되돌려 준단다."

라고 타이르다가 말을 미처 미치지 못하고 울음이 터져 나오는 모양이 지금도 눈에 선하다.

　　내 조카 정균의 한어과에서도 유정렬柳廷烈 선생이 들어와서 나라가 망한 사실을 이야기하고 나서 끝으로

　　"우리들이 개화되면 나라를 되돌려 준다 하오. 그러니 상심 말고 공부에 열심하여 저 사람에 못지않도록 우리도 깨어야 나라를 다시 을 터이니, 아무 잡념 갖지 말고 공부에 열중하도록 하시오."

하며 대성통곡하여 학생과 선생이 다 함께 울음바다를 이루었다 한다.[10]

....
10 「구술 해공 자서전」, 53쪽.

와세다대학, 학업과 비밀결사

다니던 학교가 졸업을 1년 앞두고 문을 닫고, 그보다 나라가 망하여 일본인들의 손에 모든 권세가 넘어가는 암담한 시대가 되고 말았다. 비록 신익희가 16세에 당한 국치이지만 감수성이 남다르게 예민했던 그에게 이 상황은 참담하기만 했다.

자라면서 고향 근처에 있는 병자호란 때 인조가 남한산성에서 내려와 청 태종 앞에서 항복한 사실을 기록한 치욕의 삼전도비三田渡碑를 바라보며 민족적인 치욕을 되삼키던 소년이었다. 그런데 이제는 임금은 물론 2천만 동포, 3천 리 강토가 일본인에게 짓밟히는 식민지 시대가 되고 말았다.

망국의 통한을 안고 그는 고향으로 돌아왔다. 1년여 동안 어머니를 모시면서 농사일을 거들었다. 그리고 형들과 장래 문제를 상의하였다. 두 갈래 길이었다. 청운의 꿈을 위해 해외유학의 길과 주어진 현실에 적응하면서 눌러앉았느냐였다.

번민으로 매일처럼 긴긴 밤을 지새우던 해공에게 어느 날 갑자기 희소식이 들려왔다. 외국어학교 동급생이며, 윤비尹妃의 동생이자 부원군府院君 윤덕영尹德榮의 아들인 윤홍섭尹弘燮이 일본 유학을 같이 가자며 후원을 제의해 왔다. 한성외국어학교 영어학부 시절 윤홍섭은 공부에는 그다지 두각을 나타내지 않았지만, 부원군의 아들이라는 자신의 신분을 내세우지 않고 늘 서민적으로 처신하며 성품이 원만해 동문들 간에 인기가 있었다.

해공도 처음에는 그의 신분을 의식하고 가까이하기를 조심했지만, 그의 소탈한 성품을 알고는 곧 스스럼없이 어울리게 되었다. 그가 해공에게 막대한 학비를 대준 것은 그들의 우애와 신의의 명확한 증거였다.[1]

1910년대 초에 해외 유학이란 일반인들에게는 쉽지 않은 길이었다. 병탄된 나라라고 하지만 상전이 된 일본이고 학비와 물가가 비싸 엄두도 내기 어려웠다. 윤홍섭은 한성외국어학교에서 신익희의 인품과 재능을 알아보고 함께 가길 원한 것이다.

신익희는 고심 끝에 일본 유학을 결심했다. 1912년 여름 일본으로 건너가 중학교 교재로 시험준비를 서둘렀다. 일본어를 익히고 공부한 끝에 가을에 명문이라는 와세다대학 정치경제학부에 거뜬

---

1 유치송, 『해공 신익희 일대기』, 99쪽.

히 합격하였다.

이 대학은 1882년 시게노부가 도쿄전문학교를 창설한 것을 모태로 1902년 와세다대학으로 개칭하고, 설립자가 메이지유신 뒤에 입각하여 총리대신을 지내기도 했다. 일제강점기 한국인이 일본에 있는 제국대학에 입학하려면 구제고등학교의 졸업장이 필요했는데 당시 한국에는 구제고등학교가 없었기 때문에 와세다대학과 같은 사립대학에 갈 수밖에 없었다. 신익희가 와세다대학을 택한 것도 이 때문이다.

그는 정치경제학부에 적을 두고 정치학·법학·경제학·사회학은 물론 철학·문학·논리학·심리학 등 폭넓은 강의에 수강을 하면서 학문에 정진하였다. 학비는 윤홍섭의 지원을 받았으나 생활비까지 기댈 수 없어서 신문·우유 배달 등 아르바이트를 열심히 했다.

신익희의 와세다대학 입학을 전후하여 송진우·장덕수·조소앙·최두선·백남훈·이광수·김성수·김준연·현준호 등이 들어와 학생이 늘어나면서, 그는 조선유학생 학우회에 이어 조선학회를 주도적으로 조직하기에 이른다.

조선유학생 학우회를 안재홍·송진우·문일평·정세윤 등과 함께 조직한 해공은 처음에는 총무 일을 보다가 정세윤·박해돈·노실근에 이어 회장이 되었다.

학우회의 기관지 《학지광》을 편집하기도 하며, 고학생으로 누구보다 바쁜 학창 시절을 보내고 있었다.

일본 유학 시절 고학으로 학업에 몰두하는 틈틈이 학우회를 이끌어나가는 가운데 어느 대학생도 해내지 못할 일을 해공은 해나갔다.

그는 낮에는 학교에 나가고 밤이면 원고를 쓰거나 심지어는 신문 배달까지 해가며 어렵게 고학을 했는데, 그러는 중에 적은 돈이지만 매달 생활비를 집으로 보내었다. 그는 또 가끔 새로운 계몽 서적이나 일용품 등을 집으로 보내는 성의도 보였다.

또한 그는 도쿄 유학 시절 유학생 모임에서 늘 총무나 회장직을 맡아 틈틈이 독립 운동의 기틀을 다졌다. 그 때문에 해공은 일본 학생들의 미움의 대상이 되어 잘 때면 베개 밑에 늘 칼을 넣어두는 일도 있었다. 호신책으로서는 어쩔 수 없는 노릇이었다.[2]

그는 학우회를 통해 일본에 유학 중인 한인 학생들과 폭넓게 교우하고 기관지 《학지광》을 발행하여, 적국의 수도에서도 민족의식을 고양시키고 1919년 2·8 독립선언의 모태 역할을 하게 되었다.

또한 윤홍섭 등 동지 10여 명과 비밀결사 조선학회를 조직하면서 나라를 위해 목숨을 바치기로 혈서를 쓰는 등 민족운동에 앞장섰다.

....

2 같은 책, 106쪽.

고향에서 계몽운동을 시작하다

와세다대학 시절 그는 '메기의 입'이란 별명이 붙었다. 몸가짐이 다부진 데다, 입을 굳게 다물고 듣기를 다하여 쉽게 입을 열지 않고, 상대의 말이 끝나면 논리 정연한 언변을 토하여 붙은 별명이다.

그는 아무리 전문적인 내용이라도 상대가 알아듣기 쉽도록 전달하였다. 뒷날 국회의장으로서 명사회, 대통령후보가 되어 한강변에서 40만 인파를 상대로 한 명연설 등은 이때부터 다듬어진 변술이었다.

그는 대학 시절에 해공海公이란 자호를 지었다. "해자海者는 심야心也요 공자公者는 아야我也란 말이 있다. 바다와 같이 넓고 넓은 마음에 멸사봉공하거나 공선사후公先私後하는, 추호도 사심 없는 공적公的인 대아大我라는 뜻이다."[3]

해공이란 호는 그의 60 평생을 그대로 반영하는 데 모자라지 않는다. 과연 그는 중국 망명기 독립운동이나 환국 후 정치활동에서 넓은 바다이고 선공후사의 큰 그릇이었다.

여름 방학이면 어머니와 젊은 아내 그리고 형제들이 기다리는 고국으로 관부연락선을 타고 돌아왔다. 기다리고 있는 사람들은 또 있었다. 조선의 민중이다. 봉건사상과 낡은 인습, 여기에 총독부 관리들의 억압과 수탈에 시달리는 동포들을 상대로 그는 계몽운동을 벌였다.

---

3 「구술 해공 자서전」.

고향 마을에는 광동의숙을 차려 신문화·신교육을 시키고 축구단을 조직하여 스포츠 정신을 보급하였다. 와세다대학에서 두각을 나타내고 있다는 조선학생이 고향에 와서는 계몽운동을 빙자한 의식화 집회를 한다는 소문에 읍내 헌병분견소가 긴장하고 뒤를 캤다.

어느 해 여름 방학 때는 서울 왕십리에서 전차를 탔는데 일본인 학생 3~4명이 승객들에게 행패 부리는 것을 본 일이 있었다. 행패가 더욱 심해지자 위엄 있게 나무랐지만, 그들은 오히려 "조센징이 감히 내지內地 사람에게 훈계를 하다니!" 하며 반발했다. 신익희는 스포츠로 단련된 주먹을 휘둘러 이들을 제압하고 파출소에 끌려가서도 명쾌한 논리로 일인들의 행패를 꾸짖었다.

와세다대학에서 그는 학구적으로나 리더십으로 한인 유학생들은 물론 일인 학생과 교수들로부터 주목의 대상이었다. 그뿐만 아니라 10여 명 유학생 모두가 우수했고, 1914년 4월에 창간한 《학지광》은 연 2회 발행되는 초라한 모습이지만 일본 내 조선인들의 대변지 역할을 하는 데 모자라지 않았다. 《학지광》의 발행에 그는 아르바이트로 모은 돈을 투자하였다.

와세다대학 3년여의 학창시절을 그는 「나의 대학 시절」에서 다음과 같이 회고한다.

나의 대학 시절인 40년 전을 회고할 때, 문득 얼마 되지 않은 듯한 감정이 들기도 한다. 그러나 지금 대학생들의 사고 경향과는 다소 다를지는 모르나, 솔직히 그때의 심경을 회고하면 세 가지 단계로 나눌 수 있다.

첫째로 대학에 들어갔을 때에는 긍지를 가졌다. 그때에 그리 흔하지 아니한 대학생이 된 것을 자랑거리로 알고 마음 깊이 자부하였다.

둘째, 이 자랑은 자라 우월감으로 되었다. 대학생으로서의 철학·정치·법률·경제 등에 광범한 영역으로 학습을 하고 논리학·심리학·사회학 등에 대하여 교수의 강의를 듣고 전문 서적을 읽는 동안, 나는 이 세상 모든 것을 배우고 또한 아는 듯하여 이러한 학문에 발을 들여놓지 못한 사람보다 나는 일단 나은 사람이라고, 다른 사람을 경시하는 우월감이 있었다.

셋째, 이 우월감은 어느 사이 회의懷疑와 자하自下로 바뀌었다. 널리 여러 학자의 학론學論, 그 정의定義를 읽는 동안 그것이 구구히 다르고, 또 그것 모두 일면의 진리를 가졌으면서도 일면 결함성 또한 가지어 오랫동안 정설定說을 세우지 못하는 것을 볼 때에 모든 학설學說에 대한 회의가 생겼다.

더욱 철학자 중에 불가지론자不可知論者가 있는 것도 무리가 아니라는 생각이 드는 동시, 자기 자신의 학문의 영역, 지식의 범위가 얼마나 묘소渺少한지를 알게 되어 참된 진리는 평생을 두고 탐구하여도 오히려 부족하다는 자각의 생각이 들었다. 여기서 "등댓불이 비치는 범위가 넓어지면 질수록 그 어두움이 큰 데에 놀란다"라던 톨스토이의 말에 새삼 감명 받았다.[4]

---

4 같은 책, 121~122쪽, 재인용.

'광동강숙'을 열어 아동교육에 힘쓰다

신익희가 일본에서 겪고 놀란 일은 한두 가지가 아니었지만 그중에서도 가장 놀라운 것은 국민의 교육열이었다. 곳곳에 신식 학교가 세워지고 근대적 교육이 실시되었다. 조선에서는 마을에 구식 서당이 더러 있을 뿐이었다. 나라를 빼앗기게 된 이유를 알게 되었다. 그래서 여름방학(1913년)에 고향집의 사랑채에 '광동강숙'을 열었다.

인근 마을에서 80여 명의 아동이 모였다. 직접 지은 「건교 취지문」에서 그의 교육정신을 살필 수 있다. 한문에 한글로 토吐를 단 것인데, 여기서는 한글만 소개한다.

건교 취지문

씨앗과 묘를 땅에 심고는

김매지 않고 북돋아 주지 않고서

그 묘가 자라지 않는다고 탓함은

사람을 가르치지 않고, 훌륭하게 성장하지 않는다고 나무라는 것과

무엇이 다를쏘냐.

오호라. 하夏나라 대학이나 주隋나라 학교의 번성은 가상할 일이다.

뛰어난 재주 있는 사람을 얻어 가르친다는 일은

세 가지 즐거움 중의 하나라고 맹자가 말씀하셨고,

평범한 사람들까지도 경서에 통달하였음이

한 나라 종실의 융성을 기했다.

그런 까닭에 현에 학교, 시골에 향학, 가정에 글방이 있어서

신념에 안주하며 신명의 안위를 걱정하지 않도록

깨달아 알게 해야 하나니

배우지 못한 사람으로서

배우지 않으면 아무 일도 할 수가 없다.

사람에게는 학문하도록 권장하는 데 있나니

부지런해야 하고 힘드는 일로써

이 일을 돕는 자 또한 진실하게 도와야 한다.

미욱한 남녀라도 의리에 있어서는 사양하지 않음은

타고난 본디의 떳떳한 성품이 똑같은 까닭이니라.

생각하건대 이 동리는 광주 땅 동쪽에 치우쳐 있고,

백 집이 채 못 되는데 백성은 비록 미욱하고

살림 형편은 가난하고 옹색하기가 군내에서 으뜸인데

다행하게도 백성의 마음에서 우러나오는 충정을 천도가 알아주고

지금 세상이 배움의 열기가 일어남에

매우 고맙게 느끼는 바 있는 데다가

그 관할 관청의 인권의 소리도 있고 하여

서로가 작은 돈을 거두어서 조그마한 글방을 설립하고

이름하기를 '광동강숙'이라고 지었다.

앞으로 오래오래 튼튼하게 가없이 아득하게 유지하려면

비록 뜻 있는 사람이 있다 할지라도 혼자의

힘으로는 유지가 어려우니

무릇 큰 집을 짓는 일은 반드시 여러 사람의 힘에 힘입어야 할지니

뜻을 같이하는 사람의 두터운 정의와 마음을 함께하는 정성으로

한마디 의견을 펴는 바이니 다행히 학문을 권장하는 마음과

정의에 의지하는 미덕을 드리울 것을 바라는 마음으로

이 강숙의 터전을 세웠나니, 나라의 원기를 배양하고

후진들의 성공의 길을 열어 인도해나간다면

옛 스승이 여기에 버금가지 않을 것이니

군자로서 학문을 즐기는 것은 후세에 그 영예가

길이 남는 까닭이니라.[5]

---

5 「구술 해공 자서전」, 116~118쪽.

보성전문학교의 명교수가 되다

와세다대학을 졸업하고 귀국할 때 신익희는 23세의 청년이었다. 1916년이니 나라가 망한 지 어느덧 6년이 되었다. 일본에서 보낸 3년여 동안에 그는 학업도 충실했지만 보고 듣고 느낀 바가 많았다. 그만큼 성숙해졌다.

당시 일제는 조선에선 가혹한 무단통치를 자행했으나 자국에서는 이른바 메이지 데모크라시라 해서 어느 정도 정치·언론의 자유를 보장했다. 미국 등 서양의 문화와 제도가 소개되고 국제정세도 알려졌다. 그러다 보니 국제사회에 대한 안목이 트이고 참담한 고국의 실정과 비교되는 아픔이 따랐다.

그는 미국 유학을 준비했다. 선진과학문명을 현지에서 배우고, 무엇보다 조선을 병탄하여 온갖 살상과 약탈을 일삼는 일제의 만행을 미국인들과 세계 각국에 폭로하고자 해서였다. 그런데 이번에도 비용이 문제였다.

유학비를 벌고자 서울중동학교 교장 최규동의 초청으로 이 학교에서 교편을 잡기로 하였다. 월급을 받아 뱃삯만 마련되면 떠날 생각이었다. 그러나 경영이 어려웠던지 반년이 지나도록 보수를 한 푼도 주지 않았다.

유학 여비는커녕 생활이 어렵게 되자, 그는 때마침 천도교 계열인 보성법률상업학교의 초청을 받아 학교를 옮겼다. 국내에는 대학이 없었고 그나마 여기가 한국인이 세운 유일한 전문학교였다. 이 학교를 일본인들의 전문학교보다 우수한 교육기관으로 만들겠다는 야심도 생겼다.

신익희는 비교헌법·국제공법·재정학 등을 맡아 가르쳤다. 교수보다 나이 많은 학생이 있는 등 교육환경이 어지러웠으나 성심을 다했다. 함께한 교수로는 가인 김병로와 고우 최린이 있었다. "스물세 살의 혈기 방장한 청년기에 있었던 나는 일본 정치 아래서 학대받고 사는 이 나라의 생활에 견디기 어려워 허구한 날 술집에 다니면서 술잔을 기울이며 울분을 소산시키려 하였다."[1]

김병로와는 막역한 사이가 되었다. 김병로는 변호사가 되어 일제강점기 허헌·이인과 더불어 독립운동가 변론을 맡은 민족변호사로서 지절을 지켰다. 해방 후 정부수립에도 함께 참여하고 사법부 수장이 되었다. 최린은 민족대표 33인으로 서명하는 등의 활동을 했으나 후에는 애국심을 지키지 못한 변절자가 되고 말았다.

---

1 「구술 해공 자서전」, 59쪽.

신익희는 해방 후 국회의장의 신분으로 1953년 3월 보성전문학교의 후신인 고려대학교 졸업식에 참석, 축사하면서 30여 년 전 교수 시절을 돌이켰다.

나는 30여 년 전 20여 세의 다정다감한 청년시대를 귀 대학교의 전신 보성전문학교에서 교편을 잡고 보내다가 3·1 운동에 참여한 관계로 해외로 망명한 지 30여 년 만에 이제 다시 돌아와서 귀교와 또는 여러분들을 대하게 되니, 마치 제3의 모교와 같이 정다움을 느끼면서 금후 더욱 여러분의 불휴不休의 전진 및 분투를 여는 바입니다.[2]

20대의 젊은 교수로 학생들의 인기를 한 몸에 받게 되고 강의 중에 성향상 민족의식을 일깨우는 내용이 섞여 나왔다. 그 소문이 나고 일경이 나와서 참관했으나 그의 논리정연한 강의에 시비를 붙기 어려웠다. 매수공작도 나타났다.

심지어 교수들의 강의를 점검하고자 파견된 일제의 시학관視學官조차도 해공의 논리정연하고 참신한 강의를 듣고는 과연 명교수라 칭하며 찬탄해 마지않았다. 또한 일제 당국에서는 해공이 민족의식이 뛰어나고 재능 또한 겸비했음을 간파하고는 그를 회유하려 온갖 추파를 보내기 시작했다.
일인들이 세운 경성전수학교의 주임 교수로 오라 회유하기도 했

---

2 『고려대학교 70년지』(1975), 65쪽.

고, 관리 생활에 뜻이 있으면 도지사로 임명하겠다고 유혹했지만, 단호하게 거절하고는 했다.[3]

1917년 딸 정완貞婉에 이어 1년 뒤 아들 하균河均이 태어났다. 파란곡절의 생애 중 보성전문학교 교수 시절이 그나마 가장 안정되고 가정적으로도 행복했던 시절이었다. 하지만 행복의 시간은 짧았다.

질풍노도가 그 개인과 민족사를 향해 다가오고 있었다.

민족자결, 역사의 변곡점을 만들 기회를 만나

1918년 12월 초 신문에는, 1919년 1월 18일부터 파리에서 평화회의가 열리고 여기에 일본대표가 파견된다는 것과 일본정부의 외교방침 등이 보도되었다. 윌슨 미국 대통령이 제창한 '14개조 평화원칙' 등이 그 평화회의에서 논의될 것이라고 했다. 물론 신문기사에는 민족자결 원칙이 유럽의 폴란드·불가리아·체코슬로바키아 등 민족문제 처리에만 적용되는 듯이 나와 있고, 한국문제에 대해서는 전혀 언급이 없었다.

이즈음 국제정세가 크게 요동치고 있었다. 1914년 7월 28일 시작된 제1차 세계대전이 1918년에 종전되면서 전승국과 패전국 사

---

3   유치송, 『해공 신익희 일대기』, 132쪽.

이에 강화회의가 열리게 되었다. 일본은 중국에서 이권 확대를 노리고 영일동맹을 내세워 독일에 선전포고를 하고, 연합국이 승리하면서 중국 산둥성山東省의 독일 이권을 물려받고 남양제도의 위임통치령을 얻었다.

한편 러시아에서는 1917년 10월혁명으로 레닌을 수반으로 하는 소비에트사회주의 정권이 수립되었다. 소비에트정부는 지주의 소유지를 국유화하고 은행·산업의 노동자 관리에 착수했으며 독일과의 단독강화로 평화체제를 갖추었다. 러시아 신정부는 권내의 다민족을 포용한 채로 자결권을 승인하고, 민족자결 원칙을 제시하면서 식민지 국가의 민족해방 투쟁을 지원한다고 발표하였다.

윌슨은 1918년 1월 의회에 '14개조 평화원칙'을 공표했다. 그 내용은 ① 강화조약의 공개와 비밀외교의 폐지, ② 공해公海의 자유, ③ 공정한 국제통상의 확립, ④ 군비축소, ⑤ 식민지 문제의 공정한 해결, ⑥ 프로이센으로부터의 철군과 러시아의 정치변화에 대한 불간섭, ⑦ 벨기에의 주권회복, ⑧ 알자스로렌의 프랑스 반환, ⑨ 이탈리아 국경의 민족문제 자결, ⑩ 오스트리아 - 헝가리 제국 내 여러 민족의 자결, ⑪ 발칸 제국의 민족적 독립보장, ⑫ 터키 제국 지배하 여러 민족의 자치, ⑬ 폴란드의 재건, ⑭ 국제연맹의 창설 등이다.

각 민족은 그 정치적 운명을 스스로 결정할 권리를 가져야 하며 외부로부터 간섭을 허용하지 않는다고 하는 민족자결주의는 19세기 내서널리즘의 고양과 함께 약소민족의 자주독립사상으로 널리 인식되었다.

1차대전 결과 독일·터키·오스트리아 제국이 붕괴되고, 그 판도에 있던 종속 민족들의 처리 문제가 국제사회의 시급한 현안으로 떠올랐다. 윌슨의 '14개조 원칙'은 이와 같은 상황에서 제기되었다.[4]

미국 유학을 중단한 채 기회를 노리던 신익희가 윌슨의 민족자결주의를 놓칠 리 없었다.

그해 6월에 미국 대통령 우드로 윌슨이 발표한 강화 원칙 가운데에 '민족자결'의 한 항이 있는 것을 기회로 우리 민족도 독립운동을 일으켜야겠다고 생각하고, 그때 사회의 지명인사이고 지도자급이던 우정 임규·고우 최린·고하 송진우·육당 최남선·정노식·창석 윤홍섭·공민 나경석 등과 비밀히 의논하는데, 혹은 남의 집 건넌방에서 모이기도 하고 당시 요리점이던 혜천관·명월관 등지에서도 모여 독립운동의 방법을 토의하게 되었다.[5]

신익희는 이런 기회에 힘입어 당대의 각계 명사들을 은밀히 만나고 전략을 숙의했다. 손병희가 동학을 개칭하여 승세를 타던 천도교와 기독교·불교 등 종교계가 함께 나서야 한다는 데 뜻을 모으고, 그는 기독교 지도자들의 참여를 요청하는 책임을 맡았다.

소격동 어느 게딱지같이 낮은 집 건넌방에서 남강 이승훈을 만나

---

4   김삼웅, 『의암 손병희 평전』(채륜, 2017), 223쪽.

5   「구술 해공 자서전」, 59쪽.

서 세계 대세와 우리가 일어날 기회라는 것을 이야기하였다. 끝까지 듣고 있다가 그는 단번에

"나는 세계 대세는 모르겠으나 일평생을 일본놈이 싫어하는 일이면 골라서 하던 터이니, 일본이 싫어하는 일이면 하겠소이다."

하며 허리띠에 차고 있던 염낭에서 까무족족한 목도장을 꺼내놓으며 찍으라고 하는데 그 순결하고도 견결한 표정과 태도에 나는 깊이 감격하였다.

다음 좌옹 윤치호를 종로 청년회관으로 찾아가 세계 대세와 국내 정형을 이야기하는 도중에 그는 갑자기 일어서서 문 쪽으로 걸어가 출입문을 잠그고 왔다. 다시 이야기가 계속되기를 여러 시간이나 하였는데 그는 기회가 아니라고 사절하였다.

그 밖에 구한말 관위에 있던 분들에게는 순종비 윤 황후의 오라비인 동지 창석 윤홍섭이 교섭하였는데 모두 실패하고 필경은 천도교의 의암 손병희, 예수교의 남강 이승훈, 불교의 만해 한용운 등 33인이 서명하게 된 것이다.[6]

민족사의 대변곡점이 되는 3·1 혁명은 이렇게 마그마가 움직이기 시작했다. 상하이에서 여운형·김규식 등이 신한청년당을 조직하고 국내의 독립운동가와 연결하고자 장덕수를 파견하여 신익희와 만나 연계되었다. 그는 일본에서 조직했던 '조선학회'의 회원으로서 중국으로 건너가 활동하던 중 밀사로 들어왔다.

6 같은 책, 60쪽.

3·1 혁명, 제2차 서울시위를 주도하다

신익희는 장덕수를 통해 상하이 신한청년당과 긴밀히 연락을 취하면서 향후 독립운동의 방략을 모색하였다. 만주와 중국 관내에서 활동 중인 우리 독립운동가들과 연계하여 무장투쟁을 전개한다는 데 의견이 모아졌다.

일본에서는 '조선학회'를 중심으로, 국내에서는 종교단체를 구심적으로 거족적인 항일운동이 준비되고 있었다. 이를 지속적으로 무장항쟁으로 연결하고자 그는 1918년 11월 은밀히 압록강을 건너 만주 동삼성으로 떠났다.

만주 지린성吉林省(길림성) 왕칭현汪淸縣에 본영을 둔 중광단이 중심이 되어 1918년 11월 14일 조소앙이 기초하고 해외독립운동지도자 39인이 서명한 '육탄혈전'의 「대한독립선언(무오독립선언)」이 선포되고 있었다. 지린에서 이들을 격려한 신익희는 살을 에는 듯한 대륙의 추위를 견디며 난징南京을 거쳐 상하이에 이르렀다. 가는 곳마다 독립지사들을 만나 격려하고 국내의 소식을 전했다.

상하이에 도착했을 때 일본 도쿄에서 학우들의 2·8 독립선언 소식이 중국신문에 보도되었다. 여운형을 비롯하여 신한혁명당 간부들과 독립운동의 방략을 숙의하였다. 방략 중에는 국내에 거대한 조직망을 갖고 국민의 신뢰가 높은 손병희를 모셔다 독립운동기구를 구성하자는 내용도 담겼다.

2·8에 이어 터져 나올 것으로 기대했던 국내의 봉기 소식은 들리지 않았다. 그리하여 그는 상주喪主의 복색을 하고 1919년 2월

말 귀국 길에 올랐다.

만주에서 처음으로 3·1 혁명의 소식을 들었다. 그 며칠 뒤 서울
행 기차에서 평양시민의 독립만세 시위행렬을 지켜보게 되었다.

나는 이날 기차 편으로 평양을 지나다가 평양 시민들이 태극기를
들고 정거장을 향하여 돌진하는 군중의 시위 행렬을 보고
"아하, 우리 민족의 독립에 대한 절규는 터지고 말았구나!"
생각되면서 눈시울을 적셨다.

내가 본국으로 들어온 이유는 동북 만주를 위시하여 베이징北京·
상하이上海까지 두루 돌아본 결과 내심 작정하기를, 국내에서 민중
동원의 기반을 가진 손병희를 해외로 데려 내다가 내외 호응으로
줄기찬 독립운동을 계속할 것과 천도교당 건축비로 모아놓은 헌금
獻金을 해외로 내다가 군사 자금에 쓰려 했는데, 들어와 보니 손병
희는 벌써 일본 경찰에 잡혔고, 천도교의 헌금도 지니고 나갈 수 없
는 형편이었기 때문이다.[7]

국내의 3·1 혁명 봉기는 일제의 살인·방화·강간 등 야수적인
진압에도 쉽게 굴복하지 않았다. 학생은 휴교, 상인은 철시, 노동
자는 파업, 관리는 퇴직으로 적극 참여했다. 기생과 백정 등 천민
으로 괄시받던 사람들도 앞장서고, 남녀·신분·노소·출신을 가리
지 않고 참여한 것이다. 세계혁명사에 초유의 일이다.

....
7 같은 책, 62쪽.

3·1 혁명 이후 집계상황을 보면 집회횟수 1,542회, 참가인원 202만 3,089명, 사망자 7,509명, 부상자 1만 5,961명, 검거자 5만 2,770명, 불탄 교회 47곳, 학교 20곳, 민가 715채이다. 실제 피해는 이보다 훨씬 더 많았을 것이다.

3·1 혁명을 주도한 손병희 등 민족대표들은 당일 총독부에 구속되어 혹독한 조사와 고문을 받았다. 변장을 하고 입경한 신익희는 3월 4일 서울에서 제2차 만세시위를 주도하였다. 제자들과 은신처에서 독립선언서를 등사하고 태극기를 제작하여 제2차 서울의 시위를 성공적으로 이끌었다.

그때 나의 제자로 있던 보성법률상업학교의 학생 강기덕康基德과 연희전문학생 한창환韓昌桓 등에게 연락해서 3월 4일에 남대문 정거장, 곧 지금의 서울역에서 시내로 돌진하는 사오백 명의 제2차 시위 행렬을 진두지휘하고, 3월 14일의 국장國葬을 빙자하여 백립白笠해 남바위 받쳐 쓰고 곰방대를 들고 농사짓는 시골 사람 행세를 하여 점점의 눈을 피해서 용산역에서 기차에 몸을 싣고 신의주를 넘어 봉천을 합하여 그 달 19일에 상하이에 도착하였다. 이후로 나의 해외 망명지의 해외 생활이 시작되었다.[8]

8 같은 책, 63쪽.

의정원의원으로 '임시헌장'을 기초하다

제2차 서울의 만세시위를 주도한 신익희는 거액의 현상금이 붙고 수사망이 좁혀들자 해외 망명길에 나섰다. 백립白笠을 쓴 시골 촌부로 가장하고 국경을 빠져나왔다. 심양을 거쳐 산해관을 넘어 3월 19일 상하이에 무사히 도착했다.

상하이에는 독립운동 단체 동제사와 신한청년당 핵심인사들을 비롯하여 베이징北京(북경)에서 활동하던 이회영 형제, 러시아와 만주에서 활동하던 독립운동가들, 그리고 국내에서 3·1 혁명의 주역들이 파견한 현순, 일본에서 2·8 독립선언을 주도한 최근우, 미국에서 여운홍 등이 속속 모여들었다.

이들은 프랑스 조계 보창로 325호에 독립임시사무소를 차렸다. 비용은 국내에서 3·1 혁명 준비기금으로 천도교의 손병희가 기독교 이승훈에게 전한 5천 원 중 2천 원으로 사무소를 임대하였다.

1919년 3·1 독립운동에
참가한 후 26세 나이로
상하이로 망명할 당시 사진.
이 사진은 일경의 지명수배용으로
쓰이기도 했다.

이들은 1919년 3월 26~27일 프랑스 조계의 한 예배당에서 독립
운동을 지휘할 '최고기관'의 설치 문제를 논의하고, 임시정부 수립
절차에 들어갔다. 논의를 거듭하여 먼저 임시의정원을 설립하자
는 데 합의하였다.

4월 10일 오후부터 프랑스 조계 김신부로의 셋방에서 임시의정
원을 구성하기로 결정하고, 조직체의 성격과 형태를 둘러싸고 치
열한 논쟁을 벌였다. 정부를 수립하자는 측은 국치 이래 국민의 한
결같은 소망은 정부수립에 있다는 주장을 폈고, 다른 측은 위원회
나 정당을 먼저 구성하자는 주장이었다. 수직적인 정부가 수립되
면 지역·단체·이념 등 다양한 계층의 사람이 참여하기가 어렵다는
이유였다. 논란 끝에 결국 임시정부를 수립하는 데 뜻을 모았다.

국내 각도를 대표하는 29명으로 임시의정원을 구성하고, 신익
희는 경기도를 대표하는 의정원의원으로 선임되었다. 이어서 국

호와 연호, 국체, 임시헌장(헌법)이 토론 끝에 제정되었다. 국호는 대한민국, 연호는 대한민국 원년, 국체는 민주공화제를 채택하였다. 임시헌장을 제정하기 위해 이 분야의 전문성이 인정된 신익희·이시영·조소앙 3인으로 기초위원회를 구성하고, 여기서 대한민국 임시헌장 등이 기초되었다.

임시의정원은 밤을 새워 토의를 거듭한 끝에 신익희 등이 기초한 전문 10조로 된 임시헌장을 심의·통과시켰다. 국호제정과 관련하여 대한민국·조선민국·고려공화국 등이 제안되어 역시 토론을 거쳐 대한민국으로 확정하였다. '대한'이라는 국호를 둘러싸고 일부 의정원의원이 망한 대한제국의 국호를 다시 쓸 이유가 있는가를 따지고, 다수 의원들은 망한 대한제국을 다시 일으켜 세운다는 의미와 함께 '한韓'이라는 명칭은 삼한 이래 우리 민족의 고유한 이름이라는 사적史的 고찰이 전개되었는데, 결국 '대한제국'의 '제帝' 자 대신 '민民'의 시대를 연다는 뜻에서 '대한민국'으로 결정한 것이다.

임시의정원은 의장 이동녕, 부의장 손정도, 서기 이광수·백남철을 뽑았다. 임시의정원은 이어서 정부조직을 위한 몇 가지 법제를 제정하고 4월 11일 이를 공포하였다. 대한민국 임시정부가 태어난 순간이다. 신익희는 임시정부가 태어나는 데 골격이 되는 임시헌장 기초 등 법률적 전문성을 크게 발휘하였다.

대한민국은 임시정부의 법통을 계승한 때문에 이때가 대한민국 건국 원년이 된다. 1948년 8월 15일 정부수립일을 대한민국 건국절로 삼으려던 이명박·박근혜 정부의 시도는 이와 같은 역사적인 사실을 외면한 처사였다.

임시정부 의정원은 국무총리로 이승만을 선출한 데 이어 정부 각료를 선임하였다. 신익희는 내무차장 겸 내무총장서리에 임명되었다. 초기 내각 명단은 이러했다.

국무총리 이승만

내무총장 안창호　　외무총장 김규식　　재무총장 최재형

군무총장 이동휘　　법무총장 이시영　　교통총장 문창범

임시정부는 국무총리에 선출된 이승만이 미국에 체류 중이어서 상당기간 내무총장 안창호를 중심으로 운영되었다. 신익희는 내무총장 안창호가 5월 25일 미국에서 귀임할 때까지 내무총장서리를 맡아 설립 초기 임시정부의 관리를 주도했다.

신익희가 조소앙·이시영과 함께 기초한 대한민국 임시헌장(헌법)은 1919년 4월 11일 임시의정원에서 심의를 거쳐 채택된 전문과 10개조로 된 간략한 내용이었다. 일제병탄 9년 만에 국체와 정체를 민주공화제로 하고, 구대한제국의 복구가 아니라 민주공화제의 새로운 나라 건국을 내외에 천명한 것은 가히 혁명적이었다.

놀라운 사실은 일제와 싸우는 전시체제의 임시정부가 "대한민국은 민주공화국이다"(제1조), "대한민국은 임시정부가 임시의정원의 결의에 의하여 차를 통치함"(제2조)이라고 규정하여, 권력분립체제를 분명히 한 대목이다. 여기에는 신익희 등 기초위원들의 역사인식이 크게 작용하였다. 전시체제인데도 임시정부는 임시의

1920년 1월 1일, 대한민국 임시정부 및 임시의정원 신년축하 기념 촬영. 제2열 왼쪽부터 양현·도인권·김여제·이유필·송병조·손정도·신규식·이동녕·이동휘·이시영·안창호·김철·김립·(미상)·윤현진·신익희·이규홍·이춘숙·정인과. 신익희 선생은 둘째 줄 오른쪽에서 세 번째에 있다.

정원이 국정운영의 최고정책결정 기관이 되었다.

임시헌법은 남녀귀천·빈부계급이 없는 일체 평등을 명기하고 (제3조), 신교·언론·거주이전·신체·소유의 자유(제4조), 선거권과 피선거권 보장(제5조), 교육·납세·병역의무(제6조), 인류의 문화 및 평화에 공헌과 국제연맹가입(제7조), 구황실 우대(제8조), 생명형·신체형·공창제 폐지(제9조) 등의 조항을 설치하였다.

주목할 사실은 제10조에서 "임시정부는 국토회복 후 만 1개년 내에 국회를 소집함"이라고 하여, 광복 뒤에는 지체하지 않고 국민의 뜻에 따라 국회를 소집하겠다고 선언하였다.

비록 10개 조항밖에 안 되는 임시정부의 임시헌법이지만 근대 민주공화제 헌법의 기본적인 내용은 거의 포함되어 있다. 1919년 봄 상하이에 모인 망명 지사들은 이렇게 민주적인 신념으로 우리 나라의 국체의 근간을 민주공화제로 만들었다.

임시정부의 지도자들은 구황실의 예우 문제와 같은 봉건적인 잔재가 없지는 않았으나, 헌법을 민주공화제로 만들고 정부형태 는 의원내각제와 대통령중심제의 절충식을 채택하였다. 임시정부 는 1919년의 제1차 개헌, 1925년의 제2차 개헌, 1929년의 제3차 개헌, 1940년의 제4차 개헌, 1944년의 제5차 개헌 등 다섯 차례에 걸친 개헌과정에서 민주공화주의의 기본 틀을 유지하였다. 임시 정부가 채택한 공화제의 민주주의 이념은 8·15 해방이 될 때까지 지속되고, 신생 대한민국의 헌법정신으로 오롯이 이어졌다.

임시정부 의정원은 1919년 4월 11일 '임시정부 약헌(헌법)'을 공 포하면서 '정강'도 함께 공포하였다. 이 문건 역시 3인의 기초위원 이 작성한 것이다.

정강政綱

　1. 민족평등·국가평등 및 인류평등의 대의를 선전함.

　2. 외국인의 생명재산을 보호함.

　3. 일체 정치범을 특사함.

　4. 외국에 대한 권리와 의무는 민국정부와 체결하는 조약에 의함.

　5. 절대 독립을 서도誓圖함.

　6. 임시정부의 법령을 위월違越하는 자는 적으로 함.

안창호 보좌 초기에 임시정부를 이끌어

국무총리로 선임된 이승만은 오랫동안 상하이 임지로 오지 않았다. 따라서 임시정부는 내무총장 겸 국무총리서리 안창호가 중심이 되어 운영되었다. 신익희는 안창호를 보좌하면서 초기 임정의 주요 업무를 기획하고 집행하였다. 갓 출범한 임시정부는 여러 가지 사업을 의욕적으로 추진했다.

내무총장 안창호는 1919년 7월 10일 국무원령 제1호로 연통제 실시를 발령하였다. 내무총장 관할 아래 서울에 총판, 각도에 독판, 군과 부府에는 군감郡監과 부장府長, 면에는 면감面監을 두도록 하고, 간도 지방에는 독판부督瓣府를 설치하는 내용이었다.

연통제는 임시정부 및 해외 독립운동 상황의 국내전달과 국내에서의 독립자금모집 및 반일활동 지휘 등을 위한 행정연락기구로 활용되었다. 아울러 임시정부는 국내외 동포에게 20세 이상 남녀 1인당 1원씩의 인구세를 징수하고 독립공채를 발행할 것을 결정, 연통제를 통해 이를 실시토록 했다.

1920년 초에 임시정부와 연결된 국내 비밀조직체가 100개를 넘을 정도로, 연통제와 교통국의 하부조직이 국내에 치밀하게 구성되었다. 특히 중국 단동安東에 설치된 아일랜드계 영국인 쇼우가 경영하는 이륭양행怡隆洋行은 국내와 연결하는 연통제의 거점이자 지사의 역할을 하였다. 신익희는 이 같은 역할 수행에 열과 성을 아끼지 않았다.

연통제와 함께 설치한 것이 교통국의 실시였다. 국내외 주요 거점에 설치된 교통국에는 통신원을 배치하여 정보 수집과 교환, 독립자금 모집과 전달, 물자와 무기 운반 등을 맡게 하였다. 임시정부의 선전과 홍보를 위한 지역적 연결망이었다. 《독립신문》과 임시정부의《관보》및 법령과 포고문 등이 교통국을 통해 국내외에 배포되고, 부산 백산상회 등 비밀조직에서 모금된 독립자금도 이 조직을 통해 임시정부에 전달되었다.

임시정부 초기의 시정방략은 ① 군사, ② 외교, ③ 교육, ④ 사법, ⑤ 재정, ⑥ 통일이 여섯 가지 핵심 정책이다. 안창호가 1920년 1월 3일과 5일, 상하이 교포들의 신년축하회에서, 이틀에 걸쳐 5시간 동안 연설하면서 제시한 내용이다.

임시정부가 수립되던 무렵에 선택한 독립운동 방략은 1920년 당시 내무총장이던 안창호가 밝힌 여섯 가지 방략으로 요약된다. 군사·통일 외교·교육·사법·재정 등이 바로 그것이다. 이 가운데 군사와 외교가 독립운동의 절대적인 수단과 방법이라고 주장한 그는 가장 먼저 독립운동세력의 통일이 필요하다는 주장을 펴면서, 교육과 재정도 모두 이를 뒷받침하는 기반이라고 역설했다.[1]

임시정부는 1920년 초 이 해를 '독립전쟁의 해'로 설정하고 1월 13일 러시아·만주 지역 동포들을 대상으로 '국무원 포고 제1호'를

---

1 《독립신문》, 1920년 1월 8일자; 김희곤, 『대한민국임시정부 1 — 상해시기』 (독립기념관, 2008), 108~109쪽.

발령했다. 이 지역 동포들에게 더욱 분발을 촉구하면서, 1920년을 '독립전쟁의 제1년'이라고 규정하는 내용을 설명하였다.

임시정부가 '독립전쟁의 해'로 설정한 1920년에는 만주에서 6월의 봉오동전투, 10월의 청산리전투가 벌어지고, 우리 독립군들은 열악한 무기와 비정규 병력으로 일제의 현대 병기로 무장한 정규부대와 싸워 이를 섬멸하는 대첩을 이루었다.

3·1 혁명 이후 만주에서는 각급 독립군 조직이 급격하게 늘어났다. 대한국민회, 북로군정서, 서로군정서 등 47개 단체가 등장했다. 이 가운데 앞의 새 단체를 비롯하여 대한청년연합회, 대한광복군총영, 대한독립군한족회, 대한독립단, 보합단 등 유력한 독립군 조직들은 임시정부 계열이거나 임시정부를 지지하고 나선 단체들이다.

임시정부는 홍보사업에도 열중하였다. 《독립신문》의 발행이다. 1919년 8월 21일 임시정부 기관지로 창간된 이 신문은 초기에 《독립》이라는 제호로 발간하다가 그해 10월부터 《독립신문》으로 개제하였다. 창간사에서 ① 독립사상 고취와 민심통일, ② 독립사업과 사상전파, ③ 유력한 여론을 환기하고 정부를 독려하여 국민의 사상·행동방향 제시, ④ 새로운 학설과 새로운 사상 소개, ⑤ 국사國史와 국민정신의 고취·개조를 제시하였다.

창간 당시의 시장 겸 편집국장은 이광수였다. 이광수는 2·8 독립선언서를 집필하고 중국으로 망명하여 임시정부에 참여하고 있었다. 초창기 임시정부는 이념논쟁과 파벌대립 등 여러 가지 분란 속에서도 맹렬하게 활동하였다.

임시정부는 또한 독립운동의 상황을 알리기 위해 관보인 《공보公報》와 각종 법령, 포고문 등을 국내로 보냈다. 국내로 보내진 대표적인 법령과 포고령에는 1919년 4월 15일 국무원령 제1호 「통유문」, 6월 15일 재무부령 제1호인 「인구세시행세칙」, 6월 16일 정부령 제3호 「임시징세령」, 7월 10일 국무원령 제1호 「연통제」, 9월 30일 포고 「적의 관공리인 동포에게」, 10월 15일 포고 「천주교 동포에게」, 「상업에 종사하는 동포에게」, 「남녀학생에게」, 11월 20일 포고 「적의 관공리인 자에게」, 12월 5일 내무부령 제2호 「도사무공장규정道事務公掌規程」, 12월 18일 군무부령 제1호 「임시군사주비단제」 등이 초기에 집중되었다.[2]

임시정부는 이승만에 대한 불신임 결의와 탄핵이 추진되면서 크게 동력을 잃게 되었다. 정부수립 1년 반 만인 1920년 12월 5일 상하이에 온 이승만은 여전히 실효성이 의문인 외교론 외에 아무런 비전도 방략도 제시하지 못했다. 더욱이 임시정부의 분란 해소는커녕 갈등을 부채질하고 이동휘와는 사이가 더욱 악화되었다. 이승만은 재임기간 5년 6개월 가운데 6개월 동안만 상하이에 머물다가 1921년 6월 태평양평화회의에 참석한다는 구실로 다시 하와이로 돌아갔다. 그리고 임시정부의 업무는 도외시하였다.

임시정부를 지탱하던 연통제와 교통국을 통해 국내에서 들어오던 독립자금이 1920년에 일제의 정보망에 두 기관이 포착되면서

2   김희곤, 『대한민국임시정부 1 — 상해시기』, 116~117쪽.

완전히 차단되고, 여기에 이승만이 미국으로 돌아간 뒤에는 미주 지역 동포들의 성금을 임시정부에 보내지 않음으로써 재정적인 어려움이 가중되었다.

인력과 자금이 줄어들면서 임시정부는 의정원 정원의 의원을 채우기도 어렵게 되고, 정부청사의 전셋값과 외국인 직원들의 임금도 밀리기 일쑤였다. 1919년 가을부터 이승만의 위임통치설을 빌미로 임시정부에 대한 반대세력이 형성되고, 1921년 2월에는 박은식·원세훈·김창숙 등 14인이 「아 동포에게 고함」이란 성명을 통해 임시정부의 무능과 분열을 비판하면서 근본적인 개혁을 촉구하고 나섰다.

이들은 국민대표회의를 열어 강력한 통일정부를 조직하고, 무장독립전쟁을 위해 독립군부대를 통합, 지휘계통을 통일하자고 주장하였다. 이에 반해 조완구·윤기섭 등 45명은 이승만의 절대 지지를 표방하면서 협성회를 조직하였다. 또한 베이징에 머물고 있던 신채호·박용만·신숙 등이 1920년 9월 군사통일촉성회를 열고 이승만의 상하이 임시정부를 압박하였다. 이러한 주장들은 홍범도가 이끈 봉오동 전투에서 승리한 직후여서 재중국 동포들의 지지를 받게 되었다.

임시 대통령 이승만이 상하이에 도착하고 떠난 행적은 임시정부에 결정적으로 영향을 주었다. 그가 임시정부의 기능을 회복하거나 독립운동계의 질서를 바로 세우는 데 기여할 것이라는 기대와는 달리 갈등만 키우는 결과를 가져왔다. 이승만·이동휘·안창호 삼각

구도 사이에 타협을 향한 노력들이 있었지만 끝내 실패하고 말았다. 그러던 사이에 박은식이 대표가 된 선언을 비롯하여, 베이징의 군사통일주비회와 만주 액목현회의가 국민대표회의 소집을 요구하고 나섰던 것이다.[3]

이승만 거취 문제로 분란을 맞은 임시정부

상하이 임시정부는 출범 초기부터 최고 수반인 국무총리 선출을 둘러싸고 심한 논란이 일었다. 국무총리 이승만의 적격성에 대한 논란이었다. 이회영·신채호·박용만 등 무장독립운동계열 인사들이 '위임통치론'을 제기한 이승만을 거세게 비판하고, 의정원에서 이승만이 선출되자 이들은 회의장에서 퇴장하기에 이르렀다. 이들은 외세에 의존하여 절대독립을 방해하는 사람이 새 정부의 수반이 될 수 없다는 주장을 강하게 폈다.

이승만은 상하이로 오지 않고 계속 미국에 머물러 있었다. 한성정부와의 관계 때문이었다. 그 사이 3·1 혁명 이후 여러 곳에서 수립된 임시정부의 통합운동이 전개되었다. 각 정부가 추대한 정부 수반이나 각료가 상호 중복되어 있고 또 국내외 각지에 떨어져 활동하면서 미취임 상태로 있는 경우가 대부분이었다. 따라서 각각의 임시정부는 기능이 공백상태에 빠져들었고 원활한 활동을 하

---

3 같은 책, 179쪽.

기가 쉽지 않았다. 이와 같은 문제를 해결하기 위하여 단일정부로의 통합이 모색되었다.

상하이 임시정부 국무총리 대리이며 내무총장인 안창호가 8월말 임시의정원 회의에서 한성정부 및 블라디보스토크의 국민의회 정부와의 통합과 정부개편안을 제시하였다. 이에 따라 수차례 논의 끝에 9월 6일 3개 정부의 통합이 이루어지고, 정부 수반의 호칭을 대통령으로 하는 새 헌법과 함께 개선된 국무위원 명단이 발표되었다.

통합 임시정부가 정부 수반을 국무총리에서 대통령으로 바꾸게 된 것은 미국에 있는 이승만의 줄기찬 요구 때문이었다. 국무총리로 선출되고서도 상하이에 오지 않고 미국에서 활동해온 이승만은 국무총리가 아닌 대통령으로 행세하였다. 그는 대통령 호칭에 강한 집념을 갖고 있었다. 미국식 정치와 문화에 깊숙이 젖어 있어서 미국정부의 수반 프레지던트란 호칭이 의식에 각인된 까닭일 터였다. 그는 한성정부의 수반으로 추대될 즈음부터 '대통령'으로 자임하였다. 《신한민보》와의 회견에서도 자신을 대통령으로 호칭했다.

이승만은 상하이 임시정부 직제에 대통령 직함이 존재하지 않았고 국무총리 직제인데도 굳이 한글로 대통령, 영어로 프레지던트를 자임한 것이다. 사소한 문제라 여길지 모르지만 그는 헌법 위에 군림하는 오만함을 보여주었다. 해방 뒤 집권하여 몇 차례나 헌법을 뜯어고치고, 헌법을 무시하면서 멋대로 통치한 것은 따지고 보면 이때부터 보인 '헌법 위에 군림'하는 태도에서 발원한다.

이승만이 상하이에 도착한 지 한 달 만에 국무총리 이동휘가 사표를 제출하고, 그 뒤를 이어 안창호(노동국총판)·김규식(학무부총장)·남형우(교통부총장) 등이 차례로 정부를 떠났다. 이승만을 수행했던 임병직의 회고에 따르면, 정부 각료들 사이에 독립운동 방법론을 둘러싸고 '강경론'과 '온건론'이 대립하고 있었다. 즉 강경론자들은 만주에서 무장활동의 본격화, 러시아 및 중국 내 배일 정당과의 제휴 및 공동전선 구축, 국내에서의 게릴라전의 전개와 총독부 고위 관리의 암살 등을 주장했다.

이에 대하여 이승만은 무장투쟁과 암살 활동은 국내 동포에 대한 일본의 탄압을 가중시키며, 공산당의 원조에 의하여 한국의 독립을 성취한다는 것은 조국을 다시 공산주의국가의 노예로 만들자는 것이라고 주장하며 반대하였다.[4]

임시정부는 독립운동의 방략을 논의하면서 현실성이 없는 이승만의 '외교독립론'의 미망에서 헤어나지 못한 채 분열되고 있었다. 거기다 이승만은 정무에 전념하지도 않았다. "상하이 체류기간 이승만은 틈을 내어 3월 5~10일간에는 장펑張鵬과 함께 난징南京을, 3월 25~27일간에는 크로푸트 부처와 함께 류허劉河를, 그리고 5월 24~25일간에는 크로푸트 부처 및 신익희 등과 함께 쑤저우蘇州를 관광했다."[5]

----

4 임병직, 『임병직 회고록』(여원사, 1964), 171~172쪽; 고정휴, 「독립운동가 이승만의 외교노선과 제국주의」, 《역사비평》, 통권 33호(1995년, 겨울호).

5 고정휴, 「독립운동가 이승만의 외교노선과 제국주의」, 《역사비평》, 통권 33호, 128~129쪽.

신익희는 1920년 3월 안창호가 떠난 임시정부 내무총장서리, 외무총장서리, 국무원비서장 등을 맡아 혼란기 임시정부를 수습하느라 애를 썼다. 이어서 1921년에는 법무총장·문교부장·외교부장·의정원부의장 등을 역임하면서 수습에 노력했으나 쉽지 않았다.

이승만의 독선적인 정부 운영과 무대책에 실망한 임시정부 국무위원들과 의정원의원들은 국민대회를 준비하면서 지도체제를 대통령중심제에서 국무위원중심제, 즉 일종의 내각책임제로 바꾸는 개헌작업을 시도하였다. 이승만이 이에 반대하면서 임정은 더욱 분열상이 가중되고, 이를 이유로 이승만은 1921년 5월 29일 마닐라행 기선 컬럼비아호를 타고 상하이를 떠나고 말았다. 이승만의 1년 반 동안 임시정부의 활동은 이로써 사실상 끝나게 되었다. 하지만 그는 대통령직을 사퇴하지 않고 임시정부를 떠났다. 6월 29일 호놀룰루에 도착한 이승만은 민찬호 등과 대한인동지회를 조직하고, 동지회 창립석상에서 임시정부를 맹렬히 비난했다.

국민대표회의도 결렬되고

이승만의 탄핵을 전후하여 임시정부는 큰 혼란에 빠졌다. 지도력
의 공백에다 파벌대립이 심화되었다. 이에 안창호 등 일부에서 독
립운동 진영을 하나로 묶는 데는 국민대표회의 외에 달리 길이 없
다고 믿고 여기에 전력을 쏟았다. 신익희는 임시의정원회의에서
조속한 국민대표회의 개최를 정부에 건의하고, 시종 같은 입장을
견지하였다.

안창호 등이 국민대표회의를 적극 추진한 데는 임시정부 내의
여러 가지 문제와 함께 1920년 훈춘사건(간도참변)도 한 변수가 되
었다. 3·1 혁명 후 한국인들이 만주로 건너가 독립군을 조직하고
항일무장투쟁을 전개하는 일이 잦자 일제는 이들을 없애기 위해
이 지역에 병력을 투입할 구실을 찾았다. 일제는 마적 수령 장강
호長江好를 매수하여 마적단 400여 명이 훈춘琿春을 습격하도록 사

주하였다. 이 습격으로 훈춘의 일본영사관 직원과 경찰 가족 등 일본인 9명이 살해되었다.

일제는 이 사건을 빌미 삼아 마적 토벌이라는 구실로 군대를 출동시켜 일대의 조선인과 독립운동가들을 무차별 학살하는 만행을 저지르고 한인회와 독립단 조직을 파괴시켰다. 특히 독립군의 활동기반인 조선인 교포 학살에 역점을 두었으므로 훈춘에서만 250여 명의 교포가 참변을 당했다. 이 사건을 시발로 하여 일본군의 만주 지역 조선인 교포 학살행위가 그치지 않게 자행되면서 독립군의 뿌리가 흔들리게 되었다.

이 무렵에 벌어진 자유시참변(또는 흑하사변)도 국민대표회의 개최의 요인으로 대두되었다. 1921년 6월 28일 노령 자유시(알렉세프스크)에서 3마일 정도 떨어진 수라세프카에 주둔 중인 한인부대 사할린의용대를 러시아 적군 제29연대와 한인보병자유대대가 무장해제시키는 과정에서 서로 충돌하여 다수의 사상자가 발생했다. 이르쿠츠파 고려공산당과 상하이파 고려공산당의 파쟁이 불러일으킨 불상사였다. 이 사건으로 사망 272명, 포로 864명, 행방불명 59명 등 막대한 한인 교포의 희생이 따랐다.

이와 같은 사건들은 임시정부의 군무부를 만주로 이전해야 한다는 주장이 나오기도 했으나 실현되지 않았으며, 결국 국민대표회의 개최로 중지를 모으게 되었다.

우여곡절 끝에 1923년 1월 3일 상하이 프랑스 조계 민국로民國路의 미국인 예배당에서 국민대표회의가 개최되었다. 일제의 방해와 교통사정 등으로 개회 당일 참석자는 62명이었다. 회의에서 안창호가 임시의장으로 선출되었다. 회의가 진행되면서 각지 대표들이 속속 참석하고 열기도 뜨거웠다.

이어 의장으로 김동삼이, 부의장으로 안창호와 윤해가 선출되었다. 평균 3일에 한 차례꼴로 열린 회의는 독립운동 대방략에서부터 시국문제, 국호 및 연호, 헌법, 위임통치사건 취소, 자유시참변, 통의부사건, 기관조직 등이 광범위하게 논의되었다.

회의는 군사·재정·외교·생계·교육·노동 등 6개 분과로 나누고, 헌법기초위원회, 과거문제조사위원회 등 2개 위원회를 설치하기로 했다. 경비는 독립운동단체에서 부담하고, 사회주의 운동을 한 한형권이 모스크바에서 레닌에게 찬조금으로 받아온 기금으로 충당했는데, 이 자금문제를 둘러싸고 한때 회원들 사이에 격론이 벌어지기도 했다.

회의가 계속되면서 독립운동의 방략과 시국문제의 토론에서 각 지방과 단체, 개인 사이에 이견이 대두되었다. 임시정부를 해체하고 새로운 정부를 조직해야 한다는 창조파와, 임시정부를 그대로 유지하면서 실정에 맞게 효과적으로 개편·보완해야 한다는 개조파의 주장으로 나뉘었다.

개조파와 창조파로 나뉘어 회의는 팽팽하게 논전을 펼쳤다. 3월 20일 이후에는 정식 회의를 그만두고 비공식 접촉을 가지면서 돌파구를 찾으려 하였다. 공백기간이 지난 뒤 4월 11일부터 회의가 재개되었지만, 결국 다시 임시정부 처리문제로 돌아왔다. 63차 회의가 열린 5월 15일을 끝으로 더는 양대 세력의 활동모임이 없었다. 결렬을 눈앞에 둔 6월 4일에 안창호·손정도·정신·왕삼덕 등 개조파와 신숙·윤해 등 창조파 및 중도의 김동삼이 합석하여 타협책을 마련하느라 노력하였다. 그러나 이마저도 결렬되었다.

상하이 임시정부는 갈피를 잡지 못한 채 허우적거리고 있었다. 그동안 국내연결망으로 들어오던 독립기금이 총독부의 탄압으로 그치고, 미주의 동포들이 보내오던 기금은 이승만이 탄핵된 뒤 그쪽에서 챙겨감으로써 임시정부는 청사운영비는 물론 중국인 직원 급여도 주기 어려운 지경이 되었다.

그 후로 임시정부는 재정의 근거가 없어서 극히 곤란하였다. 총 장이나 서기나 사환이 똑같이 동전 팔 푼으로 요기하는 양춘면陽春麵 반 그릇이나 빠오판砲飯 한 덩이로 끼니를 메꾸고 양말을 못 사서 바닥은 모두 떨어지고 발가락이 삐죽삐죽 나와 위만 남은 것을 신게 되어 나는 이것을 그때 '발이불'이라고 하면서 웃고는 했다.[1]

조국해방의 큰 뜻을 품고 참여한 임시정부의 참담한 분열상에 깊은 상처를 입은 신익희는 새로운 길을 모색한다.

김상옥 의사에게 권총을 건네다

우리 독립운동사의 쾌거인 안중근·윤봉길 의거와 봉오동·청산리

---

1 「구술 해공 자서전」, 67쪽.

대첩 등은 모두 해외에서 일어났다. 이와 비견되는 국내의 쾌거라면 1923년 1월 서울 한복판에서 일본경찰 1천여 명을 상대하여 단신으로 전투한 김상옥의 의거를 들 수 있다.

김상옥(1889~1923)은 서울에서 태어나 학생운동·애국계몽운동·일제상품 배격 운동 및 물산장려운동을 전개하고 3·1 혁명에 참여했으며, 혁신단·광복단·암살단 조직에 참여하고 상하이 임시정부에도 참여했다. 군자금 모금활동과 의열단 참여, 조선총독 처단과 총독부 폭파 기도, 종로경찰서 폭파와 세 차례의 서울 시가전 등도 전개한 불굴의 독립전쟁 영웅이다.

1922년 12월 초 서울에 잠입하여 이듬해 1월 12일 종로경찰서 폭파, 17일 후암동 총격전, 22일 효제동 최후결전에 이르기까지 단신으로 일경 1천여 명을 상대로 시가전을 벌였다. 국치 이래 서울에서 전개된 처음이자 마지막인 쾌거였다. 이 과정에서 일경 수명을 처단하고 결국 자신의 생가 주위에서 일경 500여 명이 4중으로 포위한 가운데 끝까지 전투 중에 소지한 권총 최후의 1탄으로 자결, 순국하였다.

임시정부가 극심한 혼란기에 빠져 있던 1922년 12월 어느 날 한 청년이 신익희를 찾아왔다. 33세의 김상옥이었다. 그때 신익희는 28세, 왕하이공王海公(왕해공)이란 중국식 가명을 쓰고, 임시정부에서 활약하다 침체기를 맞아 가슴앓이를 하던 중이다.

애국충정의 두 청년은 쉽게 마음이 통하는 동지가 되었다. 김상옥은 이를 전후하여 임시정부의 요인 김구·이시영·조소앙 등과 교제하고 여러 가지 협력을 아끼지 않았다.

김상옥이 의열단원으로 입단하여 조선총독의 처단과 총독부 폭파 등의 사명을 띠고 국내에 들어오기 전날 밤, 두 사람은 상하이의 허름한 술집에서 영원한 사별이 될지 모르는 '최후의 술잔'을 나누었다. 그리고 다음 날이다.

이튿날 다시는 돌아오지 못할 길을 떠나는 김상옥을 전송하고자 해공은 상하이 정거장까지 나가주었다. 그의 장거壯擧로 대한 남아의 독립 투지는 다시 한 번 하늘까지 충천할 터이었다.

열차가 출발하기 직전이었다. 해공은 그가 평소에 생명 못지않게 아끼던 호신용 권총 한 자루를 품속에서 꺼냈다. 브라우닝 투로 성능 좋은 권총이었다.

김상옥 의사의 손에 쥐어 주며 재빨리 깊숙이 간직하기를 부탁하였다.

"김 형, 이건 내가 드릴 수 있는 유일한 것입니다. 폭탄만 가지고 단독 의거가 어렵다면 이걸 사용하시오. 백발백중 명중률이 높습니다. 혹 형이 거사를 하고 나서 위급한 정황에 몰린다면 왜적에게 잡혀 곤욕을 당하기보다, 정 피치 못할 경우라면 이 성능 좋은 걸로 자결을 택하는 것도 의기남아가 할 일이 아니겠소. 이번 김 형의 장거야말로 우리 민족 전체의 큰 뜻이 아닐 수 없고, 또 반드시 성공하리라 나는 굳게 믿소."

이 말을 듣는 김상옥의 눈시울은 뜨거워져 있었다. 젊은 해공 또한 더는 말을 이을 겨를이 없었다. 말 그대로 이심전심以心傳心이었다.[2]

김상옥 의사는 역사적인 소임을 다한 뒤 신익희가 전해준 권총으로 자신의 심장을 겨누었다. 김 의사를 떠나보낸 신익희는 하숙집에 돌아와 밤을 밝혀 통곡하며 시 한 수를 지었다.

痛哭長安夜　　　장안의 밤에 통곡하다가

忽然大笑之　　　별안간 크게 웃으니

傍人那得識　　　옆에 사람인들 어찌 이 속셈을 알랴

樽酒有無時　　　술잔에 술이 가득할 때나 비어 있을 때나.[3]

신익희는 망명에서 돌아온 뒤 이 시를 붓글씨로 써서 김 의사의 장질에게 전하면서, 여기에 주註를 달았다.

내 나라 밖에 28년을 있다가 귀국 제8일 되는 날에야 비로소 조카를 찾아보고 지난날의 일을 돌이켜 기억하며, 또 세사 변천에 감상感傷을 금할 길 없어 옛날 지었던 한 수를 써서 기념으로 하노라.[4]

중국군 육군중장, 한·중 연대를 시도하고

신익희는 나약한 지식인이 아니었다. 깊게 생각하고 신속히 실천

<hr>

2　유치송,『해공 신익희 일대기』, 281쪽.

3　「구술 해공 자서전」, 157~158쪽.

4　같은 책, 158쪽.

하는 행동파에 속한다. 임시정부와 민족운동진영의 분열상을 지켜보면서 새로운 길을 모색하였다. 중국의 혁명세력과 힘을 모아 항일무장투쟁을 전개하는 것이 꿈이었다.

임시정부의 외교부장을 하면서 사귀었던 중국 지방군벌 우페이푸吳佩孚(오패부)를 통해 한·중 합작 방법을 찾고자 했다. 우페이푸는 당시 장쭤린張作霖(장작림)의 봉천군을 물리치고 직예계直隸系의 리위안홍黎元洪을 총통으로 세워 베이징 정국을 주도하고 있었다. 우페이푸는 우리 독립운동에 관심을 보이고 도움에 인색하지 않겠다는 의향을 보였다.

우페이푸와 같은 계열이다가 갈등을 빚은 펑위샹馮玉祥(풍옥상) 장군과도 만났다. 그즈음에 우페이푸와 펑위샹은 권력투쟁 중이어서, 더는 한국독립운동의 협력관계가 성사되기 어렵다고 판단한 신익희는 산시성陝西省(섬서성)의 시안西安(서안)으로 갔다. 일본 유학 시절에 만났던 후징이胡景翼(호경익)가 산시성의 독군督軍으로 국민당과 제휴하여 중국혁명 수행에 적극 노력하고 있다는 사실을 알기 때문이다. 후징이는 일본 유학생 사회에서 크게 활약한 신익희를 기억하고 있었다. 그를 면담한 자리에서 신익희는 세 가지 방략을 제안하여 동의를 얻어냈다.

첫째, 군사적으로는 한·중·소 세 나라 청년으로 분용대奮勇隊라는 게릴라 부대를 편성해서 훈련시킨 뒤 중국 혁명에 이바지하고, 한인韓人 출신 일부는 동삼성으로 진출해서 점차 성장하면 한·중 국경에서 압록강·두만강을 건너 국내로 넘어 들어가 군사 행동을 일

으키자 함이고,

둘째로는 쑨원孫文(손문)의 국·공 합작으로 인해서 중국 혁명군
을 대표하여 그때 베이징에 와 있던 소련대사 카라한과 절충하는
외교를 맡아 소련과 국민당 정부와 군벌 산시성陝西省 도독 후징이胡
景翼와의 삼자三者 관계에 원만한 성과를 거두도록 노력하자 함이며,

셋째, 중국 국민당의 중진 다이톈추戴天仇(대천구)·장췬張群(장
군)·톈통田桐(전동)·주다오유周道腴(주도유)·위유런于右任(우우임)·
주정居正(거정)·장지張繼(장계)·류서우중劉守中(유수중)·리다자오李
大釗(이대고) 등과 교유하여 한·중 합작, 국·공 합작의 실을 도모하
자 함이었다.[5]

신익희는 특히 한·중 청년 500명을 모집하여 유격대의 일종인
분용대를 편성하고, 임시의정원 출신의 무장독립운동가 성주식을
북만주에서 초빙하여 중국국민군 제2군 육군중위에 임명하고 분
용대 연성대장에 보임補任하여, 이 부대로 한·중 국경에서 군사행
동을 일으키려는 구체적인 방안을 마련하였다. 이를 위해 베이징
주재 소련 대사 카라한과 외교적인 접촉을 벌였다.

신익희의 역량을 익히 알고 있었던 후징이는 그를 자신의 자문
역으로 위촉하는 한편 제2군의 육군중장의 직책을 겸하도록 하였
다. 중국어는 물론 영어와 일어에 통하고 국제정세를 꿰고 있는
신익희의 존재가 그만큼 소중했던 것이다.

....

5   신창현, 『해공 신익희』, 161쪽.

이 시기에 신익희는 중국혁명의 요인들을 두루 만나 교유하였다. 이는 뒷날 충칭 임시정부 시절에 많은 도움을 받게 되는 인맥이 되었다. 쑨원孫文의 비서 다이톈추, 신문화운동의 지도자로서 국공합작을 일궈낸 리다자오, 중국혁명의 책사인 장췬 등이다.

신익희가 후징이의 우호를 받으며 한·중 합작운동을 시작할 무렵 1924년 가을에 갑자기 그가 세상을 떠났다. 실망과 타격이 이만저만이 아니었다. 모처럼 지우智友를 만나 조국 독립의 큰 설계를 하던 중에 당한 그의 죽음이었다.

후계자로 등장한 예웨이쥔岳維峻(악유준)은 용속하고 우유부단하여 함께 일을 도모할 위인이 못 되었다. 어느 날 그가 자신과 함께 일할 것을 요청하면서 창고에 은닉한 다량의 아편을 팔아 앞으로 살길을 찾자는 제안을 했다.

예웨이쥔이 제 딴에는 생각해준다는 생색으로 "범칙 물자를 팔아 오면 구전口錢을 줄 터이니 받아서 권속 데리고 호의호식이나 하면서 여생을 편하게 지내라"라는 말에 큰 모욕감을 느끼고 술잔을 그자의 면상에 내던지고 벌떡 일어서서 그대로 시안西安을 뜨고 말았다.

그래야 할 것이 그 당시 한 개 성省의 독군督軍이라면 사람 한 사람쯤은 죽이거나 살리고 빼앗는 것쯤은 다반사로 하던 중세사회였다. 이때 집에 연락하고 떠날 겨를조차도 없이 떠나야 했다.

그런데 이 소식이 전파되어갔다. 산시성陝西省 일경一境만이 아니고 중국 사회에서 해공의 이 이야기를 전해 듣고는 혀를 내두르며 그 성품과 행실의 높고 맑음, 금전에 대하여 욕심이 없고 깨끗한 심성이 화제가 되었다. 성 정부의 자문위원과 제2군의 육군중장이라는 높고 큰 감투에 연연하지 않고, 미련 없이 이를 내동댕이쳐버리고 훌쩍 떠났다고 하는 데에서 많은 칭송과 찬양과 숭앙을 한 몸에 받게 되었다.[6]

가족 재회 후 장제스 정부의 심계자리를 맡아

1923년 봄에 국내에 있던 어머니와 아내, 딸 정완과 아들 하균이 간난신고 끝에 베이징으로 왔다. 4년 만의 가족재회였다. 독립운동가 가족이 남편이나 자식, 부모를 만나고자 망명지로 찾아오는 경우가 없지 않았으나 결코 쉬운 일이 아니었다. 그런데 신익희의 가족은 용케 일제의 감시망을 탈출하여 베이징까지 온 것이다.

중국 산시성의 독군이 범칙물자(아편)를 팔아 오면 구전을 줄 터이니 받아서 권속(가족)을 데리고 호의호식이나 하면서 여생을 편하게 지내라고 한 발언은 그의 가족이 중국으로 온 사실을 알고서 권한 유혹이었다.

당시 중국에서는 아편을 밀매하는 한국인도 적지 않았다. 영국은 18세기 말 동인도회사를 통해 인도산 아편을 중국으로 대량 밀수케 했다. 이에 청국 정부가 많은 아편을 몰수하여 소각하면서 영국이 중국에 개전, 무력으로 청군을 격파하고 난징조약(남경조

----

6   같은 책, 166~167쪽.

약)을 통해 중국을 반식민지로 만드는 길을 열었다. 이 같은 상황에서 아편은 중국사회에서 공공연히 거래되었고 일부 군벌은 이를 치부의 수단으로 활용하였다.

독립운동가들은 가정보다는 조국독립이 우선이었다. 신익희도 다르지 않았다. 그래서 온갖 유혹을 물리치게 된다. 그는 소싯적부터 익혀온 글씨(휘호)를 써서 중국인들에게 팔아 최소한의 자신과 가족의 생계를 유지하였다. 필체가 워낙 좋아서 글씨를 찾는 사람이 많았다.

궁색한 생활에 견디다 못해 해공은 한때 중국인 상대로 글씨를 써서 팔며 매서행각賣書行脚으로 겨우 입에 풀칠을 하며 연명해나가야 했다. 유년 시절부터 명필가 소리를 들어온 서예의 대가 해공은 그럴듯한 중국인 집에 찾아 들면 주인을 만나 "이 집에 있는 문방사우 좀 봅시다" 해놓고는 먹을 갈아 그 자리에서 일필휘지一筆揮之하고는 했다.

글씨마다 생동감이 있고, 예술의 정채精彩가 감돌았다. 주인은 우람한 신색의 청년이 비록 남루한 차림이나 비범함을 깨닫고는 글씨 사례를 혹은 후하게, 혹은 되는대로 하면서 "선생의 이 글씨만은 우리 집 가보로 대대로 보존하겠소" 하며 고이 간직하였다.[7]

임시정부는 혼미상태가 지속되었다. 이승만 탄핵 후 박은식이

7 유치송, 『해공 신익희 일대기』, 291~292쪽.

대통령에 추대되어 국무령제로 헌법을 바꾸고 은퇴하면서, 이어 이상룡·양기탁·홍진의 순서로 내각이 구성되었으나 일부 인사들의 참여 거부 등으로 혼미상태가 계속되었다.

그즈음 만주에서는 대한독립군단을 비롯하여 자유시참변 이후 되돌아온 독립군을 중심으로 신민부가 결성되고(1924년 3월), 대한통의부를 비롯한 만주의 독립운동 단체가 모여 정의부를 조직(1925년 1월)하는 등 통합운동이 전개되었다.

국내에서는 6·10 만세운동(1926년 6월), 의열단원 나석주가 식산은행과 동양척식주식회사에 폭탄을 투척, 일경과 교전 끝에 자결하였다. 신익희는 상하이 시절 나석주 의사와 각별한 동지관계를 유지하고, 거사를 위해 국내에 잠입할 때에 이를 주선해주기도 하였다.

신익희의 한결같은 바람은 중국혁명세력과 협력하여 무장부대를 육성하는 일이었다. 장제스蔣介石(장개석) 총통이 1926년 북벌을 시작하자 국민정부 측과 연대의 길을 찾았다. 마침 1924년 산시성 정부의 자문위원으로 있을 때 신익희의 정의감과 공정성을 높이 산 위유런于右任이 국민정부(난징 정부)의 심계원장으로 있으면서 그에게 심계원에 특별자리를 만들어 근무를 청하였다.

아무리 혁명기라고 하지만 자국 원수의 엄청난 기밀비의 감사를 외국인에게 맡긴 것이다. 당시 장제스 총통이 맡고 있는 요직만도 20개 정도여서 그가 관리·집행하는 기밀비가 엄청나게 많았다.

수다한 곳에 지출되는 국가 원수의 기밀비를 자기 나라 국민이 아닌 타국의 한낱 독립운동자에게 심사와 계산의 막중한 임무를 맡겼다. 중국 사회에서의 해공에 대한 신임도를 짐작할 수 있는 일이다.

그 어느 기회에 해공께서 술회한 일이 있다.

"그때 중국 사회는 청조淸朝로부터의 부패의 폐습과 내란으로 인한 혼란 등등으로 국가 공무원 사회에도 많은 부분이 치부致富에 대한 욕심을 버리지 못하는 풍조가 널리 퍼져 있던 때였다. 한국의 독립 운동가 신익희의 재산 모아 평생을 잘살 수 있는 기회를 마다한 그 청렴결백한 마음씨가 더욱 돋보였던 관계로 그 엄청난 비밀을 간직한 기밀비의 감사를 담당시켰던 것이지."[8]

---

8 신창현, 『해공 신익희』, 169쪽.

한국혁명당 창당을 주도하고

난징의 국민정부 심계원에서 일하는 동안 장제스 총통을 비롯하여 원로혁명동지 바이충시白崇禧(백승희) 등 요인들을 만나 한·중 합작의 필요성을 설명하고 지원 약속을 받았다. 장제스와의 관계는 충칭 임시정부를 거쳐 해방 후 국회의장이 되어서 그가 정부 초청으로 국빈방한을 할 때까지 지속되었다.

대중외교에 치중하던 신익희는 1929년 무엇보다 동지들의 결속이 중요하다고 판단하고 난징에서 윤기섭·성주식·민병길·연병호·최용덕·안재환·김홍일·염온동 등과 한국혁명당을 조직하였다. 재중한인과 독립진영의 대동단결을 내세웠다. 이 해에 국내에서 신간회가 발족되고(1월 19일), 여성운동 통일체로 근우회가 창립되는(5월 27일) 등 민족운동 진영의 대동단결이 나타나던 시점이다.

35세 때, 활기차게 중원을 누비던 항일 용장勇將 시절.

　한국혁명당은 중국국민당의 지지를 받으면서 산하에 안재환을 단장으로 하는 비밀결사 철혈단鐵血団을 조직하여 의열투쟁을 전개토록 하였다. 기관지로《우리의 길》을 발간, 독립사상의 고취와 항일무장투쟁의 의지를 밝혔다.

　한국혁명당은 1932년 11월 한국광복동지회, 조선혁명당, 의열단, 한국독립당 등이 협의하여 조직한 민족독립운동의 통일전선

체인 한국대일전선통일동맹에 참여, 독립운동단체의 대동단결에 노력하였다. 그 후 1933년 2월에 만주의 한국독립당과 합당하여 신한독립당으로 발전적인 해체를 하였다. 신익희는 한국대일전선통일동맹에 참여한 이후 한국혁명당은 동 통일동맹의 핵심간부를 겸하면서 항일투쟁을 계속하였다.

위원장 윤기섭은 중국 동삼성東三省 지역의 정객인 주칭란朱慶瀾(주경란)과 제휴하여 한중연합 의용군의 조직을 계획한 바 있었고, 신익희는 중국 국민당정부와 제휴하여 국민당정부로부터 독립운동자금의 원조에 어느 정도 성과를 거두기도 하였다.

한국혁명당이 해체되던 1933년 현재의 간부 명단을 일제 측의 정보기록을 토대로 하여 살펴보면, 집행위원장에 윤기섭, 외교위원에 신익희가 선임되어 활동하였다. 이 밖에도 간부로서 최용덕·김홍일·신영심·민병길·김사집·염온동·이동주 등이 활동하고 있었다.[1]

신익희는 날로 강포해져가는 일제와 싸워서 독립을 쟁취하기 위한 방법은 민족운동진영의 통합으로 혁명역량을 강화하는 것밖에 없다는 신념에 변함이 없었다. 1920년대 해외의 민족진영은 이념·지역·인맥과 항일전의 방법론 등으로 산산이 조각나고 흩어져 있었다. 이념적으로 동색同色끼리도 갈라지고 대립하였다.

1　조범래,『한국독립운동사사전 7』(독립기념관, 2004), 390~391쪽.

각 조직과 단체의 결성 시기와 지역, 인적 구성과 긴박하게 돌아가는 대륙의 정세 등 여러 가지 상황의 복합적인 산물이기는 하지만, 그럼에도 대적大敵을 상대로 하는 전선에서 분산된 조직으로는 성과를 얻기가 쉽지 않았다. 임시정부도 일부 보수우파 세력의 집단일 뿐 좌파나 중도계 인사들을 불러 모으지 못한 상태였다. 윤봉길 의거 후에는 그나마 많이 달라졌지만 임시정부에는 여전히 우파 진영의 일부만이 참여하고 있었다.

신익희뿐 아니라 다수의 독립운동 지도자들이 1920년대 후반기부터 중국 관내와 만주 지역에서 민족유일당운동을 꾸준히 전개하였다. 1929년 12월 남만주에서 조선혁명당, 1930년 1월 상하이에서 한국독립당, 동년 7월 북만주에서 독립당이 각각 결성되었다.

이러한 지역별 당조직을 하나로 묶기 위하여 상하이에서 독립전선통일동맹이 결성되고, 일제의 중국침략이 급속도로 진전되면서는 1932년 10월 상하이에서 한국대일전선통일동맹이 결성되기에 이르렀다. '통일동맹'은 1934년 3월 제2차 대표대회에서 '단일대당單一大黨' 결성안이 의결되면서 통합운동이 급물살을 타게 되었다.

1934년 3월 1일 열린 통일동맹 제2차 대표대회는 각기 조직을 해체하고 신당을 결성하기로 결정하면서, 4월 12일 통일동맹 중앙상무위원인 김규식, 한국독립당대표 김두봉·이광제, 조선의열단 대표 김원봉·윤세주·이춘암, 조선혁명당 대표 최동오·김학규·만주 한국독립당과 한국혁명당이 통합한 신한독립당 대표 신익희·윤기섭·이청천 등 11명이 통일동맹 3차 대회를 열고 민족혁명당 창당을 의결했다. 신익희는 이 과정에서 혼신의 노력을 아끼지 않았다.

좌우통합의 민족혁명당에 참여

한국독립운동사에 큰 방점이 찍히는 최대 규모의 좌우연합 정당
인 민족혁명당은 이 같은 과정을 거쳐 1935년 6월 20일부터 7월 3
일까지 중국 난징시 금릉대학 대례당에서 창당대회를 열어 독립
운동 진영의 오랜 숙원을 현실화시켰다. 거기까지에는 진통이 적
지 않았다.

좌우익 통일전선 정당인 신당의 당명으로 조선의열단 등 좌익
쪽에서는 조선민족혁명당을 주장했고, 한국독립당 등 우익 쪽에
서는 한국민족혁명당을 주장해서 일치하지 않았다. 절충을 거듭
한 결과 중국 측에 대해서는 한국민족혁명당으로, 국내 민중에 대
해서는 조선민족혁명당으로, 해외 여러 나라에 대해서는 Korean
Revolution Association으로, 그리고 당내에서는 그냥 민족혁명당
으로 부르기로 결정했다.

김규식이 민족혁명당의 주석으로 선임되었다. 다양한 계파가
참여한 민족혁명당 창당의 주역들이 이념과 노선을 뛰어넘어 포
용력이 있고 의회주의자인 그를 대표로 선임한 것이다. 실권자는
당세가 강한 의열단의 김원봉이었으나 당대표는 김규식이 맡았
다. 신익희는 선전부에서 부장 최동오와 함께 일하였다. '강령'과
'정책' 마련에 능력을 한껏 발휘했다.

민족혁명당은 '당의黨義'에서 "본 당은 혁명적 수단으로서 구적仇
敵 일본의 침탈세력을 박멸하고 5천 년 독립 자주해온 국토와 주권
을 회복하여 정치·경제·교육의 평등에 기초를 둔 진정한 민주공

화국을 건설하며, 국민 전체의 생활평등을 확보하고, 나아가 세계 인류의 평등과 행복을 촉진한다"라고 선언했다. 조소앙의 삼균주의 원칙을 수용했다.

민족혁명당의 '강령'을 요약하면 다음과 같다.

민족혁명당 강령

1. 일제의 타도와 한국의 독립.

2. 봉건적이고 반혁명적인 세력의 숙청과 민주정권의 설립.

3. 소수가 다수를 착취하는 경제제도의 말살과 모든 서민이 평등한 생활을 할 수 있는 경제제도의 확립.

4. 군郡 자치제의 확립.

5. 국민개병國民皆兵.

6. 평등한 선거 및 피선거권의 확립.

7. 언론·집회·출판·조직 및 종교의 자유.

8. 남녀평등.

9. 토지의 국유화와 농민에 대한 토지분배.

10. 대기업체와 독점기업체의 국유화.

11. 국가적 경제계획 제도의 확립.

12. 노동의 자유.

13. 누진세 제도의 확립.

14. 의무교육.

15. 양로원, 탁아소 및 구제기관의 국영.

16. 민족반역자와 국내 일본인 재산의 몰수.

17. 전 세계 피압박민족 해방과의 긴밀한 연락과 협조.

민족혁명당은 창당이념을 민족혁명과 민주주의혁명을 동시에 수행하여 '조선혁명을 완성'하는 것으로 설정하였다. 이어서 민족혁명은 '일제 식민지통치의 전복과 민족자주 정권의 건립'을, 민주주의혁명은 '봉건유제의 완전 숙청과 인민자유정권의 건립'을 내세웠다. 또한 '혁명원칙'은 "민족의 자주독립 완성, 봉건제도 및 반혁명세력의 숙청과 진정한 민주공화국의 건설, 소수인이 다수인을 박삭剝削하는 경제제도의 소멸과 민족 각개의 생활상 평등의 경제조직 건립"이었다. 이것이 신익희가 평소에 꿈꾸었던 신념이고 철학이었다.

민족혁명당은 대일투쟁과 독립에만 국한하지 않고, 멀리 해방 후의 민족·민주국가 건설을 내다보면서 건국 방략의 청사진을 내걸었다. 이것은 임시정부가 일제 패망 직전에 제시했던 '건국 방략'의 모태 역할을 하게 된다.

민족혁명당은 근대정당의 구색을 두루 갖추고 출범하였다. 정책, 당장黨章, 당보黨報를 만들고, 당가黨歌를 제작하여 각종 행사 때에는 게양하고 합창하였다. 《민족혁명당 당보》는 여러 차례 발간되다가 《민족혁명》으로 개제하여 간행했다. 현재 이들 당보는 남아 있지 않고 일제 정보 자료에 내용이 수록되어 있다.

민족혁명당 정책

1. 국내의 혁명대중을 중심으로 하여 내외의 전 민족적 혁명전선을

결성한다.

2. 국내의 무장부대를 조직하여 총동원을 준비한다.

3. 적의 세력에 아부하는 반동세력을 박멸한다.

4. 국외의 무장부대를 확대 강화한다.

5. 해외 우리 민족의 총단결을 촉성한다.

6. 우리 혁명운동에 동정 원조하는 민족 및 국가에 대해서는 이와
   의 연결을 도모한다.[2]

해공은 민족혁명당의 중앙집행위원으로 중국에서 두 번째로 민족교육운동을 폈다. 즉 민족혁명당 군사부에 편입된 중국중앙육군군관학교 낙양洛陽분교 한인특별반 졸업생들의 교양훈련을 맡은 것이다. 이때 해공은 '국내외 정세'라는 과목을, 한일래는 '산술대수', 윤세주는 '사회과학', 김두봉은 '한글', 안일청은 '한국역사', 이청천은 '유격전술과 정신훈화' 등을 가르쳤다.

이들은 이후 민족혁명당의 당군인 조선의용대의 주력이 되었다가 임시정부의 국군인 한국광복군으로 편입되었다. 따라서 해공의 이 시기 민족 교육운동은 뒷날 항일 무장투쟁의 주력군을 양성했다는 데 의의가 있다고 할 수 있겠다.[3]

김규식이 민족혁명당을 떠나면서 민족혁명당은 심각한 내분으로 진통을 겪었다. 1936년 2월 조소앙이 탈퇴하고, 1937년에는 최

2 김삼웅, 『통사와 혈사로 읽는 한국현대사』(인문서적, 2019), 94~95쪽.

3 김용달, 『한국독립운동의 인물과 노선』(한울, 2004), 91쪽.

동오·홍진·이청천 등 만주 출신의 조선혁명당 계열이, 1938년에는 최창익 계열이 이탈하면서 민족혁명당은 김원봉이 주도하는 의열단 계열의 독무대가 되었다. 신익희도 민족혁명당의 지나친 좌경화에 당을 떠났다. 이로써 당초의 좌우연합체는 깨어지고 다시 분열로 나타났다.

1937년 7월 중일전쟁 발발을 앞두고, 중국대륙은 폭풍전야의 긴장이 고조되었다. 일제는 만주에 대대적으로 군사력을 증파하면서 기회를 노렸다. 중국 국민당정부와 공산당세력은 제2차 국공합작을 이루고 있었으나, 여전히 서로의 주적은 일제가 아닌 동족의 반대세력이었다.

임시정부는 윤봉길 의거 후 상하이를 탈출하여 자싱嘉興(가흥)·전장鎭江(진강) 등지를 거쳐 국민당정부를 따라 난징에 머물고 있었다. 중일전쟁이 발발하면서 다시 난징을 떠나 창사長沙(장사)·광저우廣州(광주)·싼수이三水(삼수)·류저우柳州(유주)·구이양貴陽(귀양)·쭌이遵義(준의)를 거쳐 충칭에 이르렀다. 흩어졌던 좌우진영은 얼마 후 임시정부로 통합하여 좌우합작 정부를 세우게 된다.

조선의용대 결성에 참여

독립운동가 신익희의 이념적 중심축은 무장투쟁 노선이었다. 폭넓은 인맥을 활용하여 중국정부를 상대로 한·중 합작 등 외교활동을 벌였으나 어디까지나 목표는 무장부대를 조직하여 국내에서 일제를 축출하는 데 있었다.

기대를 모았던 민족혁명당을 떠난 후 진로를 두고 고심할 때, 1937년 7월 7일 일제가 베이징 교외 노구교사건을 조작하여 중일전쟁을 도발하였다. 이에 신익희는 8월에 좌파계열 민족전선이 결성될 때 이에 참여하고, 중국 각지를 순방하면서 대일항전을 독려하였다. 1938년 9월에는 한커우漢口(한구)에서 무장투쟁단체 조선청년전위동맹을 결성한다. "조선청년전위동맹은 김원봉 주도의 민족혁명당을 탈당한 해공을 비롯한 최창익·김학무 등 당원 11명과 중국 중앙육군군관학교 성자분교의 한인특별훈련반 졸업생 35명 등이 중심이 되어 결성한 것이다."[4]

해공이 여기에 참여한 것은 그들의 좌익이념에 동조하게 된 때문이기보다는 평소 무장투쟁을 강조해왔던 소신의 결과라고 생각된다. 더구나 성자분교 졸업생들은 민족혁명당 군사부 시절부터 교육시켜왔던 인물이 대부분이었기 때문에 더욱 그랬을 것이다.[5]

중일전쟁은 한국독립운동가들에게는 이념과 노선을 떠나 하나의 변곡점이 되었다. 이를 기회로 삼아 조국해방을 이끌자는 계산이 깔렸다. 1938년 10월 10일 무한武漢(우한)에서 무장항일운동단체 조선의용대가 결성되었다. 민족혁명당의 김원봉을 비롯하여 김성숙·유자명 등이 중심인물이다. 신익희는 조선의용대 창설과 관련하여 중국 국민정부 측의 승인을 얻는 데 역할을 하였다.

---

4   한시준, 「독립운동 정당과 해공 신익희」, 『우송 조동걸 선생 정년기념논총 Ⅱ』(나남, 1997), 811쪽.

5   김용달, 『한국독립운동의 인물과 노선』, 92쪽.

중국정부는 정치부에서 관할한다는 조건으로 조선의용대의 창설을 승인하였다. '연맹' 측은 애초에 독자적인 무장부대로 조선의용군의 창설을 요청하였다. 그러나 중국 측은 침략 일본군에 맞서 싸우면서 아무리 동맹군이라 해도 자국에서 외국군대가 창군되는 것을 거북스럽게 생각했던지 의용군 대신 의용대라는 이름을 쓰도록 하였다. "군軍은 규모가 큰 것을 이르는데 이제 설립하려는 부대는 그렇게 큰 규모는 못 되니 '대隊'로 할 것"을 전제로 했다는 주장도 있다.[6]

이 시기 한국독립운동 진영은 어느 때보다 활발하게 움직였다. 신익희도 몸을 아끼지 않았다. 그리고 좌우 이념의 벽을 넘어 항일무장단체에 적극 참여하였다.

해공은 전위동맹원들을 이끌고 민족전선 산하의 무력으로 1938년 10월 10일 창설된 조선의용대에도 참여하였고, 또 전위동맹의 대표로 1939년 8월 치장綦江(기장)에서 열린 '7당 통일회의'에도 참석한다. 중국 관내 좌우 세력의 핵심인 김구와 김원봉의 공동 명의로 1939년 5월 발표한 「동지·동포에게 보내는 공개통신」이 계기가 되어 열린 것이 '7당 통일회의'였다.

8월 27일 쓰촨성四川省(사천성) 치장에서 열린 이 회의에 해공은 민족전선 측의 조선청년전위동맹 대표로 참석하였다. 그리고 주석단의 일원으로 선출되어 '7당 통일회의'를 주재하였다.[7]

6 김삼웅, 『운암 김성숙』(도서출판 선인, 2020), 23쪽.
7 김용달, 『한국독립운동의 인물과 노선』, 92쪽.

'7당 통일회의'는 차츰 이념갈등이 나타났다. 1917년 러시아혁명 이후 독립운동 진영에는 사회주의 이데올로기를 신봉하는 사람이 많아지고 1930년대에 만주와 중국 관내에 크게 세력이 형성되었다.

조선의용대의 다양한 활동

신익희가 중국 국민당정부의 지원을 받아가면서 김원봉 등과 결성한 조선의용대의 일차적 임무는 대적선전공작이었다. 그것은 일본군 병사들에게 전쟁을 반대하고 싫어하는 정서를 부식시키고 사기를 저하시켜서 투항을 유도하는 심리전이었다. 또 강제로 일본군에 끌려온 조선청년들을 끌어모으는 초모 역할도 하였다.

조선의용대 대원 대부분이 일본어에 능숙하고 일본의 정치·군사는 물론 문화사정에 밝았기 때문에 선전공작 임무에 가장 적합하였다. 의용대원들은 적진 깊숙이 침투하여 일본병사들을 선무하는 각종 선전활동을 하고, 혹은 일본군 주둔지역 시가지 도처에 일어로 된 반전 표어와 벽보를 써 붙이는 등 적군을 혼란시키는 심리작전을 수행하였다.

의용대의 선전 방식에는 여러 가지 유형이 있었다. 일본군 주둔지역 주민들에게 국제정세와 일본군의 만행에 대한 강연·토론·창가 등을 통해 항일분위기를 고취시키는 일이다. 또 일본어와 중국어로 된 소책자와 전단·삐라 등을 수십만 장씩 만들어 살포하고,

일본군이 투항할 때 쓸 신변보호용 통행증도 살포하였다.

만화·연·인형 등의 재료를 수시로 임기응변적으로 활용하기도 했고, 구이린桂林(계림)과 충칭에서 재화일본인민반전동맹의 가지 와타루鹿地亘와 손을 잡고 일본군을 상대로 일어방송을 하기도 했다.[8]

그렇다고 의용대가 대적선전활동만 한 것은 아니었다. 상황에 따라서 중국군과 합동작전을 통해 기습공격이나 매복공격으로 적을 섬멸·교란하였다. 적의 통신과 교통시설, 전쟁장비를 파괴함으로써 적의 전력을 마비시키는 활동을 하였다.

조선의용대 대원들은 1940년 3월 23일의 매복전에서 적 탱크 2량과 자동차 8량을 불태우고 적군 약 30~40명을 사살하는 전과를 올리기도 하는[9] 등, 여러 차례의 유격전으로 일본군에게 큰 타격을 주었다.

이 밖에도 조선의용대의 활동은 다양하게 전개되었다. 중국군 내에 파견되어 홍보 유인물을 발간하고, 정훈요원으로 선발되어 음악회·토론회·강연회 등을 열고 정신교육을 담당하기도 하였다. 이들은 수시로 중국 인민과 접촉하면서 군민대회軍民大會를 개최하고, 간이 소학교를 세워 난민 아동의 교육을 담당하였다.

의용대의 역할 중에서 중국군에 포로로 잡힌 일본군 소속 한족韓族 동포 청년들을 인계받아 재교육을 시키고 이들을 의용대원으

---

8 金正明 編, 『朝鮮獨立運動 2』(東京: 原書房, 1967), 652쪽.

9 「조선의용대적공작, 대진선전유격살적」,《대공보大公報》(1939.4.13).

로 편입시키는 일을 빼놓을 수 없다. 이렇게 하여 의용대원으로 편입시킨 대원이 2년 동안 50여 명에 이르렀다.

일본군에 강제 징집된 조선청년을 포함한 중국 내 조선 민중에 대해 선전교육을 진행하여 그들이 항일독립투쟁의 대열에 조속히 가입하도록 동원시키는 것이었다. 1939년 3월, 의용대 대원들은 구이저우貴州(귀주) 젠위안진鎭元鎭(진원진)의 중국 국민정부 군정부 제2포로수용소(즉 평화촌)에 들어가 이곳에 수용된 31명의 한국적 일본군 사병에 대한 교육을 진행하여 전부 깨우치도록 하였으며, 2명이 수용소에 남아 일한 외에 기타 29명은 조선의용대에 가입하였다.[10]

조선의용대의 대외활동에도 기록할 만한 업적이 있었다. 반제연합전선을 형성하고 이를 주도하는 역할을 한 것이다. 일제에 침탈당한 민족의 인사들과 반제국주의·반파시즘 공동전선을 형성하기 위해 대만의용대·재화일본인반전동맹·인도의료대와 연계한 반일 활동을 하였다. 조선의용대의 창설과 활동은 여러 나라 반제국주의 인사들에게 큰 충격을 주고, 반제기구를 결성하는 계기가 되었다.

조선의용대를 중심으로 여러 나라의 반제 기관들과 연계투쟁을

---

10 목도沐濤(중국 화동사범대학 역사학과 교수) 외, 「중국의 항일전쟁 중 조선의용대의 역사적 위상 및 공헌」, 『중국항일전쟁과 한국독립운동』(시대의 창, 2005), 117쪽.

하게 되면서 국제적인 관심을 모으고, 각국의 언론이 이를 크게 보도하였다. "미국·인도·월남·소련 등의 반전 인사들이 조선의용대의 창설 및 그 활동에 각별한 관심을 가지고서, 그들의 특파 기자를 통하여 각국의 신문·잡지상에 의용대의 활동을 크게 보도하기도 하였다."[11]

일제침략에 공동으로 대응해야 한다는 인식이 높아지면서 1938년 7월 7일 신익희가 제안한 재중 반일운동세력은 조선의용대를 중심으로 국제 반침략 역량을 집중하는 '일본·조선·대만 반파시스트동맹 창립준비위원회'를 구성하였다. 이를 토대로 1938년 12월에는 조선·일본·대만 반파시스트동맹이 결성되고, 3국의 대표들은 동방 약소민족이 모두 중국의 항전 기치 아래 단결하여 싸울 것을 다짐하였다.

조선의용대 분열 후 김원봉과 임시정부로

조선의용대에 중대한 시련이 닥쳤다. 의용대원 일부가 화베이華北(화북) 지역으로 진출한 것이다. 일제와 본격적인 전투를 위해 필요한 행동이라 할 수도 있다. 조선의용대가 후방에서 대적선전활동이나 하고 있기에는 정세가 너무 급속히 변하고 있었기 때문이다. 국민당정부는 여전히 내부의 적을 먼저 소탕해야 한다는 이유

---

11 한지성, 「조선의용대 3년래來 공작적 총결」, 《조선의용대》 제40기, 78쪽.

로 공산당세력 타도에 전력을 쏟고 대일 항전에는 소극적인 노선을 취하였다. 반면에 화베이 지역의 팔로군은 치열하게 일제와 싸우고 있었다.

이런 상황에서 조선의용대의 젊은 대원들은 화베이 지역으로 이동하여 일제와 싸우기를 바랐다. 당시 만주 지역에는 조선인 120여만 명이 거주하고 있었고, 화베이 지방에는 20만 명 내외에 이르렀다. 중일전쟁 이후 이 지역의 한국교포는 하루가 다르게 늘어났다. 조선의용대원들은 여기에 착안하여 만주·화베이에 근거지를 구축하여 동북지방의 조선무장부대와 연합하여 일제와 싸워야 한다는 주장이 거세게 전개되었다.

1940년 11월 4일 충칭의 조선의용대 본대에서 열린 제1차 확대 간부회의에서는 지난 2년여 동안의 활동에 대해 평가하고, 자체무장 결여·자력갱신 정신결핍 등 문제를 지적하였다.

조선의용대는 적 후방으로 이동하여 무장투쟁을 벌이는 것으로 의견을 모았다. '적 후방'은 화베이 지역과 만주 지역으로 압축되었다. 조선의용대 제2지대는 이미 공산당이 장악한 인접지역인 시안과 뤄양洛陽(낙양) 전 구에 배치되었기 때문에 제1대와 본대만 떠나면 되는 처지였다.

당시 혈기왕성한 젊은 대원들은 적진으로 들어가 무장투쟁을 하는 것을 바랐다. 장제스의 국민당정부 측보다는 마오쩌둥毛澤東(모택동)이 이끄는 공산당 팔로군 측의 노선에 더 동조하고 있었다. 조선의용대 대원 중에는 레닌주의정치학교 과정 등을 거치면서 공산주의 이념에 경도하는 대원도 적지 않았다.

조선의용대의 화베이 이동에는 내부적인 역학관계도 크게 작용하였다. 민족혁명당 시절부터 내부에 공산주의를 신봉하는 세력이 있었고, 최창익이 그 중심인물이었다. 최창익은 조선의용대 활동 중에도 김원봉과 자주 마찰을 빚는, 일종의 라이벌 관계 비슷한 처지에 있었다.

1938년 10월 최창익이 옌안延安(연안)으로 떠난 뒤에도 부대에 남아 있는 그의 추종자들과 계속 연계하면서 김원봉의 지도력을 흔들었다. 이들은 오래전부터 화베이 지역에 주둔한 팔로군 측과 내밀한 관계를 유지하고 있었다.

이와 같은 내부의 역학관계와 함께 중국 내의 국민당 세력과 공산당 세력 관계가 악화되는 등 제반 상황으로 조선의용대의 주력부대가 화베이로 이동하게 되었다. 김원봉은 자신의 지도력이 크게 손상되었지만 주력부대가 화베이로 이동하는 것을 막기 어려웠다.

조선의용대는 1940년 겨울에 병력을 뤄양에 집결시켰다가 이듬해 봄과 여름에 황허黃河(황하)를 건너 팔로군 전방총사령부가 있는 타이행산太行山(태행산)에 도착하였다. 화북조선청년연합회가 이들을 인도하여 대원들이 무사히 현지에 도착할 수 있었다.

중국공산당은 조선의용대의 활동을 지켜보면서 오래전부터 '눈독'을 들이고 있었다. 조선의용대가 용맹하고 한·중·일 세 나라 말에 능통하며 반일의식이 강한 병사들이라는 사실을 알고서는, 이들을 자기들 세력권으로 끌어들이고자 여러 가지 공작을 추진해 왔다. 무엇보다 리더십이 강한 김원봉이 대원들과 함께 화베이에 도착하면 조선의용대 지휘권이 그에게 돌아갈 것이기 때문에 중국공산당이 직접 통제하기 어렵다고 판단, 김원봉의 화베이행은 차단하고 그들의 오랜 동지인 무정武亭과 김두봉·한진 등을 내세워 대원들만 화베이로 오도록 하였다.

신익희와 김원봉이 심혈을 기울여 육성해온 조선의용대가 명분이나 시대상황과는 별개로 화베이 지역으로 이동하고 두 사람은 충칭에 남게 된 것이다. 노선 갈등이라기보다 임시정부를 택한 것이다.

'한중문화협회'를 조직, 운영하면서

임시정부는 김구가 국무령에 취임하고 1932년 상하이 윤봉길 의거를 주도한 후 일제의 추격을 피해 여러 지역을 전전하다가 장제스 정부의 임시수도 충칭에 자리 잡았다.

김구는 7당, 5당의 통일작업에는 실패하였으나 새로 원동지역 3당 통일회의를 열어 한국독립당을 출범시켰다. 이와 함께 하와이애국단과 하와이단합회가 해체되어 한국독립당 하와이지부로 재편되었다. 하와이지부는 임시정부의 특무공작과 한국광복군 창설에 경제적 후원을 많이 하였다. 한국독립당의 집행위원장에는 김구가 선출되었다.

한국독립당의 출범을 계기로 임시정부는 4월에 헌법을 개정했다. 곧 예상되는 미·일 전쟁에 대비하기 위해서였다. 종래의 집단지도체제를 개편하고 국무위원회 주석을 돌아가며 하던 윤번주석제를 폐지한 대신, 주석에게 주석직 외의 대내외에 책임을 지는 권한을 부여하고, 김구를 국무회의 주석으로 선출하였다. 미·일 전쟁에 대비한 체제정비의 일환이었다. 임시정부의 권력구조를 단일지도체제로 개편한 것이다. 주석의 권한을 강화하여 임시정부를 대표하는 최고직책과 함께 군사권을 지휘할 수 있는 권한까지 부여하였다. 또한 미국과의 외교강화를 위해 워싱턴에 외교위원부를 설치하고 이승만을 위원장으로 임명하였다.

김구는 1919년 임시정부가 수립될 때 44세의 나이로 경무국장에 임명된 이후 20여 년 동안 임시정부를 지켜오다가 64세의 나이에 임시정부의 최고책임자인 주석에 추대되었다. 명실상부한 임시정부의 최고 책임을 맡게 된 것이다. 임시정부의 군사권까지 맡게 된 김구는 중국정부에 한국광복군 창설에 필요한 지원을 요청하였다. 중국정부의 협력을 바탕으로 하여 임시정부 국무회의는 군사·조직·외교·선전·재정 등 6개항의 독립운동 방략을 설정하였다.

임시정부 주류의 한국독립당 창당과 김구의 임시정부 주석 취임은 독립운동사에 몇 가지 점에서 중요한 의미를 갖는다. 즉 1930년대 중반 이래 느슨한 연합상태에 있던 민족주의 세력들이 하나의 통일체로 결집, 민족진영세력의 통합을 이루었고, 한국독립당이 임시정부를 유지·옹호하는 기간세력으로 역할을 하면서, 임시정부의 세력기반이 크게 확대·강화된 것이다. 또한 한국독립당이 창당되면서 김구가 이를 기반으로 임시정부를 유지·운영하고 지도적 위상을 갖게 되었다. 이러한 기반 위에서 3당 통합을 주도하고 민족주의 세력이 통합을 이룬 한국독립당의 중앙집행위원장에 선출되면서, 명실 공히 민족진영을 대표하는 최고 지도자의 위상을 갖게 되었다.

신익희는 충칭에서 한·중의 친선 도모와 문화교류를 목적으로 한중문화협회를 설립하고 활동하였다. 이 단체는 사실상 한국독립운동의 후원단체 역할을 하였다. 대표는 쑨원의 아들이며 중국 국민정부의 입법원장인 쑨커孫科(손과)이고, 한국 측에서 김규식·조소앙이 부회장을 맡았으며, 신익희는 상무이사로서 실질적인 운영 책임을 맡았다.

카이로 선언을 앞둔 1943년 11월 어느 날, 한중문화협회에서는 한국교포에 대한 자치성自治性 여부를 둘러싸고 격론이 벌어졌다. 이 자리에서 중국 국민정부의 교육부장이며 정계의 실력자인 천리푸(진입부)陳立夫가 "조선 민족은 오랜 역사가 있으나 이미 일본에 조국을 빼앗겼을 뿐만 아니라, 40여 년간이나 일본의 학정 아래에 시달려 왔기 때문에 민족정신이 거의 말살되었을 것이다. 따라서 설령 독립이 이루어진다 할지라도 완전한 독립은 힘들 것이다"라는 망언을 서슴지 않았다.

신익희는 분연히 자리를 박차고 일어나 이를 통박하였다.

우리에게는 유구한 반만 년의 역사가 있고, 숭고한 민족정신이 있으며, 고도의 문화·정치를 꽃피웠던 나라다. 한갓 외세에 밀려 그것도 40여 년에 불과한 짧디짧은 찰나에 민족의식이 소멸되었으리라 생각하는 것은 천만 부당하다. "넓은 바닷물에 오물이 던져졌다고 해서 어찌 그 바다가 더러워지랴" 하며, 역사상의 줄기찬 항쟁을 예를 들어 통렬히 논박하였다.

그의 해박하고도 논리정연한 논박은 좌중을 감복시켰다. 고도의
문화인답게 그 의기를 투사한 결과 그 자리에 참석했던 국민정부의
정계·문화계·학계의 지도자들은 숙연한 분위기에 질려 고개를 끄
덕이며 수긍하지 않을 수 없었다.[1]

해방 후 환국하여 신익희는 그때를 회고한다.

한·중의 정계·문화계가 한 자리에 모였을 때 중국 정객 천리푸陳
立夫가 "한국민족은 일본에게 나라를 뺏긴 지 40년에 민족성을 잃어
서 독립을 하여도 그 유지가 어려울 것이다"라고 했을 때 나는 "한
국은 4천 년 문화 민족으로, 40년 동안의 적의 강점쯤으로 민족성
을 잃을 리 없다"라고 통렬히 논박하였다. 나의 이 신념은 지금도
변하지 않으며, 4년에 걸친 반공전反共戰으로 이 신념은 더욱 여실
하게 전 세계에 증명되었다.[2]

헌법 개정으로 내무부장에 선임되다

국제정세가 급변하고 있었다. 임시정부는 1944년 4월 20일 대

---

1 유치송, 『해공 신익희 일대기』, 386쪽.
2 「구술 해공 자서전」, 76쪽.

한민국 임시의정원 제36차 임시의회를 열었다. 회의 주제는 '임시약헌'의 개정과 임시정부의 개편안이었다. 연합군의 노르망디 상륙작전이 있기 직전, 일제의 패색이 더욱 짙어지고 있어서 임시정부는 최후의 결전과 독립에 앞서 체제정비가 시급한 상황이었다.

4일 동안 진행된 임시의회는 임시약헌의 개정과 임시정부 개편에 관한 의안을 모두 통과시켰다. 의결된 내용은 다음과 같다.

가. 그동안 시행되어온 '임시약헌'을 '임시헌장'으로 개칭한다.

나. 정부 주석의 권한을 강화한다.

다. 정부에 부주석 1인을 증원한다.

라. 국무위원회의 지위를 제고시켜, 위원회 산하에 행정 각 부를 두고, 각 부 부장은 국무위원이 아닌 사람 중에서도 선임할 수 있게 한다는 것이다.[3]

새로운 '임시헌장'에 따라 정부가 구성되었다.

주석: 김구

부주석: 김규식

국무위원: 이시영·조성환·황학수·조완구·차이석·장건상·박찬익·조소앙·김붕준·성주식·유림·김성숙·김원봉·안훈

행정 각 부장: 내무부장 신익희, 외무부장 조소앙, 군무부장 김원봉, 법무부장 최동오, 재무부장 조완구, 비서장 차이석

---

3 《신화일보新華日報》, 1944년 4월 26일치(제2판).

정부 개편으로 신익희는 내무부장에 선임되었다. 27년 전 임시정부가 수립되었을 때의 역할이 다시 주어졌다. 신익희가 본격적으로 임시정부에 참여한 것은 1942년 5월 조선의용대 본부 세력이 광복군에 편입될 때였다.[4] 이어서 이 해 6월 임시정부 외교위원으로 선임되어 대중외교를 맡고, 1943년 3월에는 조소앙·엄항섭·유림 등과 선전위원회에서 활동하다가 내무위원장이 되었다.

그동안 과도적이었던 좌우합작이 이로써 마침내 성사되었다. 임시정부는 명실상부한 좌우합작 정부가 수립된 것이다. 큰 줄기는 김구 중심의 한국독립당과 김규식 중심의 민족혁명당의 연합정부인 셈이다. 여기에 아나키스트 인사들까지 참여하였다.

임시정부가 체제를 정비하고 있을 때 전세는 결정적으로 일제에 불리하게 전개되어갔다. 1944년 6월 연합군의 노르망디 상륙작전이 성공한 데 이어 8월에는 연합군이 파리를 해방시켰다. 1940년 6월 나치 독일군에 파리가 함락된 지 4년 2개월여 만이었다. 1945년 2월 29일 연합군은 일본군의 요충지 유황도를 점령하고, 4월에는 일제의 남방 방어선 오키나와沖縄에 상륙하여 완강히 저항하는 일본군을 섬멸하였으며, 5월부터 도쿄를 비롯하여 본토 대도시에 폭격이 시작되면서 일제의 항복은 시간문제로 다가왔다. 1945년 2월 얄타 회담이 열렸다.

얄타 회담은 2월 4일부터 11일까지 미·영·소 3개국 수뇌가 크림반도의 얄타에서 전쟁수행과 전후처리, 국제연합 창설 등에 관

---

4 조동걸, 『우송 조동걸 선생 정년기념논총 II』, 293쪽.

한 결정을 한 회담이다. 여기에서 독일의 분할점령과 비무장화, 폴란드의 국경선, 그리고 소련의 대일전 참전에 관한 비밀협정이 체결되었다. 즉 독일 항복 3개월 이내에 소련은 대일전에 참전하며, 그 대가로 소련은 사할린 열도를 얻고, 만주에서 중국 주권을 회복하며, 대련의 국제항화, 만주철도의 중소 공동운영 등이 비밀리에 협약되었다.

이 회담에서 한반도 문제는 공식 거론되지 않았으나, 루스벨트가 제안한 미·중·소 3국의 신탁통치안이 재확인되었다. 장제스는 회담에 초청되지 않았으며, 이 때문에 한반도 문제가 불리하게 처리되었다.

임시정부는 1941년 11월 28일 국무위원회 명의로 채택한 「건국강령」을 토대로 일제패망 후 새 나라를 세울 방략을 마련하는 한편, 1940년 9월 17일 충칭에서 창설한 한국광복군을 국내에 진공시키기 위해 맹훈련을 실시하고 있었다. 한국광복군은 김원봉과 신익희가 이끌어온 조선의용대가 참여함으로써 임시정부는 정치통합에 이어 군사통합까지 이루게 되었다.

김구·김원봉의 연대에 참여하다

1930년대 일본 군부는 이미 문민통제에서 크게 벗어난 상태였다. "1931년 만주에서 벌어진 음모(만주사변 - 필자)는 군부가 독단적으로 행동해도 처벌을 받지 않을 수 있다는 사실을 보여주었다.

1932년 총리, 재무대신, 산업가들이 살해당했을 때 일본에서는 실질적으로 의회주의 통치가 막을 내렸다."[5] 정치군인들의 불장난이 동양평화를 유린하고 결국 자기 나라를 파멸시킨다는 사례로 꼽힌다.

만주침략으로 톡톡히 재미를 본 일본 군부는 1937년 7월 7일 밤 베이징 외곽 마르코 폴로 다리에서 중국군을 공격함으로써 중일전쟁을 도발했다. 중국 국민당과 공산당이 연합하여 항일전을 치르기로 합의, 서명한 지 이틀 후였다. 결국 중일전쟁의 최대 수혜국은 소련이고 최대 수혜자는 마오쩌둥이 되었다. 1937년 가을 중일전쟁이 대륙 전역으로 확대되었을 때 마오쩌둥은 휘하의 장군들에게 이렇게 말했다.

중일전쟁은 중국 공산당이 세력을 확대할 수 있는 더없이 좋은 기회입니다. 우리의 계획은 세력 확대에 70%, 정치에 20%, 일본과 싸우는 데 10%의 노력을 쏟는 것입니다. 이런 계획은 3단계로 수행될 것입니다. 제1단계에서 우리는 국민당과 협력하여 우리의 존립과 발전을 도모해야 합니다. 제2단계에서는 국민당과 동등한 세력을 갖도록 매진해야 합니다. 제3단계에서는 중국의 전역에 깊이 침투하여 국민당에 반격을 가할 만한 기반을 확립해야 합니다.[6]

---

5 폴 존슨, 조윤정 역, 『모던타임스 (1)』(살림, 2008), 580쪽.
6 같은 책, 590쪽.

마오쩌둥의 전략은 어김없이 실천되었고 적중했으며, 결과적으로 공산당은 12년 후인 1949년 중국 대륙을 장악하고 장제스는 타이완으로 축출되었다. 일제의 중국침략 전쟁의 최대의 수혜자는 마오쩌둥이 된 것이다. 이와 같은 역사의 큰 흐름과는 상관없이 중국 대륙은 여전히 장제스 정부의 통제하에 있었고, 임시정부와 민족혁명당 역시 장제스 정부의 지원을 받고 있었다.

한국 독립운동가들은 오래전부터 이런 날이 오기를 기대하였다. 일제 군부의 야욕과는 달리 조국 해방의 계기가 될 것으로 내다본 때문이다.

일제가 중일전쟁을 도발한 지 5개월여 만인 1937년 1월 한국광복운동단체 연합회가 결성되었다. 민족혁명당은 김성숙 중심의 조선민족해방운동자연맹, 최창익 등의 조선청년전위동맹, 유자명 등의 조선혁명자연맹 등이 조선민족전선연맹을 결성하였다. 이로써 독립운동 세력이 좌우 양대 진영으로 크게 재편된 셈이다.

중일전쟁이 발발하면서 좌우진영은 통합과 연대의 필요 중요성을 더욱 절감하게 되었다. 1939년 5월 10일 우익의 광복운동단체 연합회를 대표한 김구와 좌익의 조선민족전선연맹을 대표하여 김원봉이 「동지·동포 제군에게 보내는 공개통신」을 발표하고, 양대 진영이 합치는 전국연합전선협회를 구성했다.

지금이야말로 우리는 과거 수십 년간 우리 민족운동사상의 파벌 항쟁으로 인한 참담한 실패의 경험과 목전의 중국혁명의 최후의 필승을 향하여 매진하고 있는 민족적 총단결의 교훈에서 종래 범한 종종의 오류·착오를 통감하고, 이제 양인은 신성한 조선민족해방의 대업을 완성하기 위해서 장래에 동심·협력할 것을 동지·동포 제군 앞에 고백하는 동시에 목전의 내외 정세 및 현 단계에서 우리들의 정치적 주장을 이하에 진술한다.

1. 일본 제국주의의 통치를 전복하고 조선민족의 자주독립국가를 건설한다.
2. 봉건세력 및 일체의 반혁명 세력을 숙청하고 민주공화제를 건설한다.
3. 국내에 있는 일본 제국주의자의 공사재산 및 매국적 친일파의 일체 재산을 몰수한다.
4. 공업·운수·은행 및 기타 산업부문에 있어서 국가적 위기가 있을 때는 각 기업을 국유로 한다.
5. 토지는 농민에게 분배하는 것으로 하고 토지의 일체 매매를 금지한다.
6. 노동시간을 감소하고 노동에 관계하고 있는 각 종업원은 보험을 실시한다.
7. 부녀의 정치·경제·사회상의 권리 및 지위를 남녀 같이 한다.
8. 국민은 언론·출판·집회·결사·신앙의 자유를 향유한다.
9. 국민의 의무교육과 직업교육을 국가의 경비로 실시한다.
10. 자유·평등·상호부조의 원칙에 의거하여 인류의 평화와 행복을 촉진한다.

이렇게 두 사람이 연명 성명을 냈음에도 좌우합작은 당분간 이루어지지 못하고, 우파 진영만의 반쪽 통합을 이루었다. 그러나 좌우 진영을 대표하는 두 사람의 공동성명 채택과 그 내용은 한국 독립운동사에서 획기적인 일이었다. 해방 후의 토지문제 등에서 는 김구가 김원봉의 이념과 정책을 상당부분 수용하였다. 얼마 후 임시정부 산하에 한국광복군이 창설되고 김원봉이 여기에 참여함 으로써 좌우통합 정부가 수립되었다.

1920년대 중후반부터 제기되어온 '민족유일당운동'이 이제야 성사된 셈이다. 두 지도자는 합의한 10개의 정치강령을 제시했다. 신익희는 선전위원으로서 '정치강령' 등 주요 문건의 기초에 참여 하였다.

정치강령

1. 일본제국주의 통치를 전복하여 조선민족의 자주독립국가를 건 설한다.

2. 봉건세력 및 일체의 반혁명세력을 숙청하고 민주공화제를 건설 한다.

3. 국내에 있는 일본제국주의의 공·사 재산 및 매국적 친일파의 일 체 재산을 몰수한다.

4. 공업·운수·은행과 기타 산업 부분에서 국가적 위기가 있을 경우 각 기업을 국유로 한다.

5. 토지는 농민에 분배하고 토지의 일체 매매를 금지한다. 조선농 민의 대부분은 소작인으로서 일본제국주의 토지 및 친일적 대주 주의 토지를 경작하고 있다. 그 토지는 국가에서 몰수하여 그대

로 농민에 분배하고 매매를 금지한다.

6. 노동시간을 감소하고 노동에 관계하는 각 종원에게는 보험사업
   을 실시한다.

7. 부녀의 정치·사회상의 권리 및 지위를 남녀 동등으로 한다.

8. 국민은 언론·출판·집회·결사·신앙의 자유를 향유한다.

9. 국민의 의무교육과 직업교육을 국가의 경비로서 실시한다.

10. 자유·평등·상호부조의 원칙에 기초하여 인류의 평화와 행복을
    촉진한다.[7]

두 거두의 「동지·동포에게 보내는 공개통신」도 소개한다.

동지·동포에게 보내는 공개통신

우리 민족은 현재 생사의 관두에 몰려 있다. 우리들은 일치단결
하여 통일된 운명에서 통일된 목표를 향해 분투해야 하는 동지이고
동포이다.

때문에 우리들은 이미 각 소단체의 분립 투쟁으로 인한 민족적
손해를 경험하고 통일단체에 의한 광명을 발견한 이상, 한시바삐
완전하게 일체가 되어 단결하지 못한 어떠한 조건도 있을 수 없음
을 확신한다.

우리 두 사람은 개인의 의견으로서뿐만 아니라 용감히 분투하고
있는 다수 동시의 일치된 의견 위에 해외에 있는 다수 동지·동포와

---

7 金正明 編, 『朝鮮獨立運動 2』, 639쪽.

함께 먼저 관내운동 조직의 계획적 변혁과 광명을 가진 새로운 국면의 창조를 향하여, 절대적인 자신과 용기를 갖고 나아가려 한다.[8]

전시내각, 내무부장의 위치에서

전시내각에서 내무부장의 역할은 무겁고 위험이 따랐다. 충칭 상공에는 적기가 나타나 폭격이 심해지고, 패망 막바지에 이른 일제의 첩자·밀정으로부터 임시정부 요인들과 가족, 청사를 보호하는 책임이 막중하였다. 일제의 폭격으로 조카 양균量勾이 사망했다.

나는 중국과 또는 우리 한교韓僑를 위하여 적 일본군에게 점령이 예상될 때에는 적전 공작敵前工作을 하고, 또 적이 철퇴한 후에는 적후 공작을 하느라고 거의 영일寧日이 없을 만큼 중국 각지를 편답遍踏하였고, 그때에 있던 우리 교포에 대해서는 중국인과 똑같이 식량 배급을 받게 하여 우리 내무부에서 그 말단 사무까지를 관리하는 형편이었다.[9]

1945년 8월 15일 일제가 패망하였다. 26세에 망명하여 52세 중년의 시절에 맞은 해방이었다. 하지만 내무부장의 역할은 아직 끝

8   조선총독부 고등법원 검사국사상부,《사상휘보》, 20(1939), 251쪽.
9   신익희, 「나의 중경시대」(「구술 해공 지서전」, 신창현 저, 『해공 신익희』, 97쪽, 재인용).

이 보이지 않았다.

　해공은 내무부장 자격으로 창장강(양쯔강) 연안에 살고 있는 교
포들을 위문했으며, 그때까지도 무장을 해제하지 않은 일본군 진전
에서 선무 공작을 펴기도 했다. 그리고 분산된 동포들을 집결시키
기 위해 충칭을 떠나 상하이로 향했다.
　상하이에 도착한 그는 미국 대사관 측과 교섭, 임정 요인의 귀국
알선을 보장받고, 중국 대사관 측과는 동포의 귀국 편의를 약속받
아 다시 충칭으로 돌아왔다. 이같이 교포의 위문, 재외 세력의 집
결, 임정 요인 귀국 알선, 동포들의 귀국 편의 제공 등 어려운 일을
맡던 해공은 눈코 뜰 새 없이 분망한 날을 보내고 있었다.[10]

　임시정부 의정원은 9월 3일 당면정책 14개항을 의결하여 환국
후의 활동 대책을 결정했다. 내용 중에는 ⑨항에서 국내의 과도정
권이 수립되기 전에는 국내 일체 질서와 대외 일체 관계를 본 정부
가 부담 유지할 것. ⑩항은 동포의 안전 및 귀국과 국내외 거주하
는 동포의 구제를 신속히 처리할 것. ⑫항은 적산敵産을 몰수하고
한교韓僑를 처리하되 맹군盟軍과 협상 진행할 것 등은 모두 내무부
장인 자신이 주도해야 할 과제였다.
　해방을 맞이하여 임시정부 요인들이 환호와 기쁨에 넘쳐 있을
때 그는 향후 수행해야 할 과제를 점검하고 대책을 세우느라 침식

10 유치송, 『해공 신익희 일대기』, 407쪽.

난징 시절의 해공 선생과 부인 이해경李海影 여사.

난징 시절 옌
쯔지燕子矶
(연자기)에서
찍은 망명 일
가의 사진.
부인과 딸(정
완), 아들(하
균)과 함께.

을 거를 정도였다.

임시정부가 마지막으로 항일전을 전개했던 충칭은 기후가 건조하고 안개 끼는 날이 많아 한국 망명인사들과 그 가족들이 견디기 어려운 환경이었다. 게다가 먹는 음식이 부실하여 많은 환자가 생겼다.

신익희의 가족도 예외가 아니었다. 아들을 찾아 중국으로 왔던 어머니는 난징에서 돌아가시고 재희 형님과 어린 외손녀가 충칭에서 사망하였다. 그리고 망명객의 뒷바라지와 가족을 보살피던 부인은 크게 건강이 쇠약해진 상태였다. 딸 정완이가 성장하여 23세 되던 해에 독립운동가 청년 김재호金在浩와 혼인하였다. 신랑은 광복군 소령급이고 딸은 대위급의 부부 독립군이다. 이들에게서 태어난 큰딸은 사망하고 둘째딸이 태어났다.

1941년 1월 일본군을 탈출하여 장정 7천 리를 걸어 임시정부 청사에 도착했던 장준하·윤경빈·김우전 등을 가장 먼저 맞은 사람이 신익희였다. 이들의 환영행사에서 그는 김구 주석에 앞서 환영사를 했다.

여러분의 장거는 우리 민족이 오랜 일본의 학정 아래서도 이에 굴하지 않고 독립을 쟁취할 수 있다는 굳건한 신념과 용기를 실증해준 것입니다. 머지않아 일제가 패망하고 우리가 독립을 쟁취할 수 있다는 산 증거입니다. 여러분은 앞으로 이 신선한 독립전을 수행하는 데서 각 분야의 훈련을 마친 뒤 조국광복의 역군이 되리라는 것을 믿습니다.[11]

신익희는 국내 진공작전을 수행하지 못한 채 일제 패망을 듣게
된 광복군 청년들을 격려하면서 「광복군 행진곡」을 함께 불렀다.
스스로를 달래고 다지면서.

　3천만 대중 부르는 소리에

　젊은 가슴 붉은 피는 펄펄 뛰고

　반만 년 역사 씩씩한 정기에 광복군의 깃발 높이 휘날린다

　칼 잡고 일어서니 원수 쳐들고

　피 뿌려 물들인 곳 영생탑永生塔 세워지네

　광복군의 정신 쇠같이 굳세고

　광복군의 사명 무겁고 크도다

　굳게 뭉쳐 원수 때려 부수라

　한 맘 한 뜻 용감히 앞서 나가세

　독립 독립 조국 광복

　민주 국가 세우자.[12]

의정원·정부각료 연석회의에서 제시한 과제

27년의 독립운동이 간난신고艱難辛苦의 길이었지만 일제 패망으

---

11 같은 책, 404쪽.
12 이중연, 『신대한국 백만 용사야』(혜안, 1998), 217쪽.

로 환국하는 길도 쉽지 않았다. 내무부장의 역할로서 중국 전구 사령관 웨드마이어 장군과 임정요인들의 조속한 환국을 교섭하였다. 미국 정부는 이에 쉽게 응하지 않았다.

그리고 정부가 아닌 개인자격으로 귀국할 것을 종용하였다. 그동안 미국은 거듭된 요청에도 끝까지 임시정부를 인정하지 않았다. 임시정부가 대일선전포고를 하고, 미군장교가 한미 두 나라 청년들의 OSS부대 책임을 맡아 국내진공작전을 준비해왔음에도 정부 인정을 거부한 것이다.

임정 요인들이 충칭에서 귀국을 기다리던 11월 초 임시의정원과 정부각료 연석회의가 열렸다. 신익희는 내무부장의 신분으로 임정이 귀국 후 국내에서 수행해야 할 당면과제와 자신의 신념을 밝혔다. 그의 겸손함과 정치철학의 경륜이 담긴 내용이다.

우리나라가 을사조약을 맺은 지 어느 새 41년이란 긴 세월이 흘렀습니다. 이 또한 경술국치를 당한지도 36년이나 되었고, 기미년 독립만세의 함성이 조국의 산하에 울려 퍼진 이후 벌써 27년이 지났습니다. 여기에 모인 우리는 그동안 조국을 등지고 망명하여 국민과 유리된 채, 국가의 광복과 민족의 자유를 위해 일제히 항거, 투쟁하다가 많은 동지들을 잃었습니다.

이제 우리는 아무런 건수建樹나 업적도 없이 목숨만 남아 몽매에도 그리던 조국의 품에 안기게 되었습니다. 나 자신만 해도 노모老母를 난징에서, 사중舍仲은 충칭에서, 또한 질아姪兒 역시 충칭에서 여의고, 나 혼자만 남아서 환국하게 되니, 만감이 교차하여 가슴이 아프고 목이 메어 말문이 막힐 따름입니다.

우리가 환국하게 되면 우리의 동포들은 오랫동안 이역만리 타국에서 유랑걸식하며 왜적에 저항하느라 고생했다고 우리를 반갑게 환영해줄 것입니다. 그러나 우리는 일제의 학정 밑에서 우리보다 더한 굴욕과 천대를 받아가며 살아온 우리의 이 고마운 동포들의 고충을 진심으로 위로해주어야지, 마음 한구석에서일망정 추호의 우월감이라도 갖지 말아야 합니다.

또한 우리 임시정부에 관계된 사람만은 천행으로 목숨을 부지한 채 고국 땅을 밟게 되나, 이국 만 리 황량한 땅에서 애절하게 고국을 그리워하다가 차마 눈을 감지 못하고 숨져간 순국영령이 있어 그분들에게 미안한 마음 금할 수 없습니다. 이에 우리는 환국 즉시 그분들의 영령을 위로하고 추도하는 거국적이며 거족적인 행사를 주선해야 할 것입니다.

그래야만 일반 동포의 우리에 대한 태도와 선열에 대한 향념이 새로워질 것이며, 우리만이 살아서 환국함에 있어서 우리들의 선열에 대한 미안함과 죄송함이 만에 하나라도 해소될 수 있으리라 생각합니다. 우리 동포들과 같이 하루를 섧게 울어 하늘에 사무친 한恨을 품고 쓰러진 선열의 영령을 위로·위무해야 함은 동지로서의 도리요, 의무입니다.

그리고 우리는 오랫동안 국내와 유리되어 있어서 국내 사정에 매우 소매素昧합니다. 우리 임시정부는 지금까지 영토도 없고, 국민도 없이 유한有限한 수효의 독립운동가들만이 굴러다니며 독립운동 한답시고, 항일투쟁 한답시고, 떠들어젖힌 것뿐인 망명집단에 지나지 않습니다. 우리 동료가 무엇을 어떻게 생각하고 임시정부에 대하여 무엇을 요구하는지조차 전혀 모르는 설정입니다.

따라서 우리가 환국하면, 되도록은 사람들과 접하여 그들의 의견을 경청해야 하겠습니다. 중앙에서 정치한다는 사람으로부터 하향避鄕의 농부와 공장 노동자들은 물론이고, 가정에서 밥 짓고 빨래하는 가정주부에 이르기까지 의견을 골고루 청취, 종합하여, 그 터전 위에 우리 임시정부의 방침을 작성 해석해야 될 줄로 믿습니다.

그렇게 하자면, 우선 그들 속에 파고들어 조직 활동을 하여야 할 것입니다. 지금 우리는 국제적인 제약 때문에 개인자격으로 환국하게 되나 우리 동포들은 우리를 자기네들의 유일한 정부로 받아주겠다는 부분도 없지 않아 있을 것입니다. 그렇다고 우리 임시정부가 미국이나 소련의 군정 밑에서 그대로 정부 행세를 할 수도 없으려니와 설사 그대로 행세해봐도 무근지목無根之木이나 사상누각밖에 될 수 없어, 한 번의 광풍이나 한 번의 홍수에 쓰러지고 넘어갈 수밖에 없습니다. 따라서 우리가 무엇보다 서둘러야 할 것이 조직입니다. 바로 기초와 기반을 만들자는 것입니다.

그 이름을 무엇이라 하든지, 정치공작대政治工作隊라 해도 좋고, 임시정부 기구 밑에 두어 일인에게 빌붙어 부역하지 않은 덕망 있고 유능한 인사들을 모두 망라하여 조직을 펴야 할 것입니다. 이 조직을 펴는 것과 동시에 국민이 무엇을 생각하고, 무엇을 요구하는가를 청취하여야 할 것입니다.

우리들은 혁명운동자요, 독립운동가일 뿐이어서 행정에 대해서는 문외한이나 다름없습니다. 무식합니다. 우리들은 그야말로 활나간다, 총 나간다 하는 식으로 떠들어젖히는 처지일 뿐입니다. 나 신익희 자신도 내무 행정의 책임자라고는 하나, 시골 면장을 해라 해도 능력 있게 해나갈 자신 없습니다.

그러니 비록 일제 밑에서 일신의 부귀나 영달, 또는 가족의 부양·보호를 위하여 왜적의 행정 기구에서 관리 생활을 하고, 일인에게 좀 잘 보이려 했을지언정 왜倭를 제 아비나 어미처럼 여겨 국가와 민족 앞에 크게 득죄한 자가 아니면, 모두 찾아서 개과천선의 길을 열어주며, 이 사람들이 건국 후 일선의 실제 행정을 담당하도록 하는 법을 강구해내야 할 줄로 압니다.

즉, 그 명칭을 행정연구반쯤으로 하는 기구를 만들어 시정施政의 자료 수집과 연구를 담당케 하여 훗날을 대비하여야 할 것입니다.

다음, 우리가 공을 세워 독립을 선물을 한 아름 안고 금의환향하는 것이 아닌 것은 나나 여러분이나 모두 마찬가지입니다. 지금까지는 해외에서 독립운동을 하였으나, 앞으로는 국내에서 우리 동포들과 함께 본격적인 독립운동을 전개해야만 합니다. 우리가 과거 수십 년 동안 국토도 국민도 없이 떠돌아다닐 때에는 사소한 의견 차이만 있어도 서로 갈려서 파야 했습니다.

비록 우리 임시정부 기구 안에는 여러 당이 존속하고 있지만, 국내에 들어가서는 이 당파를 공개하지 말고, 다만 임시정부 단위로 행동해야 마땅할 줄 압니다.

우리가 환국해서 이 당 보따리를 펼쳐놓으면, 이조 5백 년 당파 싸움에 염오厭惡와 증오를 느껴왔던 동포들은 더욱 실망케 될 것입니다. 또한 우리는 모든 기대와 촉망을 한꺼번에 잃게 될 테니 절대

1945년 11월, 환국 직전 청사를 떠나기 앞서 찍은 임정요인들과 직원들의 기념사진. 신익희는 맨 앞줄 오른쪽 끝 쪽에 서 있다.

① 조소앙 ② 이시영 ③ 조완구 ④ 김규식 ⑤ 김구 ⑥ 홍진 ⑦ 유동렬 ⑧ 김순애 ⑨ 신익희 ⑪ 임의택 ⑫ 윤기섭 ⑬ 김성숙 ⑭ 최동오 ⑮ 김붕준 ⑯ 장건상 ⑰ 황학수 ⑱ 이치섭 ⑲ 나동균 ㉓ 민필호 ㉔ 성주식 ㉕ 김상덕 ㉖박찬익 ㉗ 유림 ㉘ 이영길 ㉚ 신송식 ㉛ 김은충 ㉜ 안우생 ㉝ 문일민 ㊱ 조성환 ㊶ 민영구 ㊷ 오희영 ㊺ 김재호 ㊾ 김유철 ㊿ 지복영 (51) 민영숙 (53) 김정숙 (55) 신건식 (59) 백정갑 (60) 서상열 (62) 박승헌 (63) 선우진.

이 당 보따리를 풀지 말고, 임시정부를 주축으로 한데 뭉쳐 미·소 양 군정과 대결하여, 투쟁해야 할 것입니다.

이렇게 새로운 단계와 새로운 방법으로 독립운동을 전개함으로써 비로소 우리 민족의 전도에 광명이 빛날 것입니다. 그렇지 않으면, 우리 해외 독립운동자 그룹은 자멸을 초래할 것입니다. 물론 우리의 자멸은 두렵지 않으나, 우리 전체의 앞길은 암담해지고, 우리 동포들의 낙망落望은 감당할 도리가 없게 될 것입니다.

따라서 여기 모신 분들은 끝까지 제가 언급한 세 가지 문제를 기필코 실천하겠다고 맹세하시기 바랍니다.[13]

---

13 같은 책, 410~412쪽.

제2부

해방조국 민주화의 큰 별로 살다

해공 신익희의 글씨, '민치국가民治國家'.

해공 신익희의 글씨, '분쇄독재粉碎獨裁'.

임시정부 요인들, '개인자격'으로 귀국

임시정부 요인들은 1945년 11월 5일 장제스 정부가 내준 비행기를 타고 5시간 만에 충칭에서 임시정부가 출범했던 상하이로 돌아왔다. 그러나 국내 귀환을 위해 미국이 보내주기로 한 비행기는 상하이에 머문 지 18일 만인 11월 23일에야 도착했다. 이날 김구 등 1진 15명은 미군 C-47 중형 수송기편으로 3시간 만에 김포공항에 도착, 환국하였다.

그나마 신익희 등이 탑승한 2진은 일주일 후 전북 옥구 비행장을 통해 귀국했다. 국내에는 임시정부 환국 환영준비위원회가 구성되어 있었으나 미군정 측은 이를 알리지 않아 공항에는 환영객 하나 없었다.

비행기 트랩에서 내린 신익희는 활주로의 흙 한 움큼을 덥석 집어 입을 맞추었다. 27년 동안 그리던 조국 강토였다. 그리고 독립운동의 열정으로 새 나라 건설에 매진할 것을 다짐했다.

　미군정은 임시정부 요인들을 개인자격으로 귀국하게 하는 등 임시정부를 인정하지 않았다. 그러나 미국에 있던 이승만은 10월 16일 미국 태평양 방면 육군총사령관 맥아더가 주선한 비행기를 타고 일본 도쿄를 경유해 서울에 도착했다. 미 육군 남조선 주둔 군사령관으로 임명된 존 하지 중장은 이승만이 도쿄에 도착했을 때 그를 만나려 일본까지 가서 맥아더와 3인 회담을 가진 데 이어 대대적인 귀국환영 대회를 연 것과는 크게 대조되었다. 미국은 투철한 민족주의자들인 임시정부 요인들보다 친미성향이 강한 이승만을 처음부터 점찍고 크게 우대하였다.

　미국은 임시정부를 끝내 인정하지 않은 것은 물론 요인들의 환국 과정에서도 납득하기 어려운 처사를 보였다. 18일 동안 상하이에 머물게 하고, 당시 미군 수송기의 성능으로 보아 34명이 함께 탑승할 수 있었는데도 굳이 1·2진으로 나누어 환국하게 했다.

　요인들을 쪼개어 들어오게 한 데는 먼저 입국한 이승만의 작용이라는 분석도 있다. "임정을 분리 귀국시켜 자기 노선에 따르도록 설득하기 쉬운 상황을 그는 만들고 싶었다. 1진, 2진 구분 과정에서 임정 내에 의심과 불만이 일어나는 것도 그는 바랐다. 그리고 하지의 '임시 한국 행정부' 프로젝트를 그가 맡고 있었으므로 비행기 일정 결정에 충분한 영향력을 가지고 있었을 것이다."[1]

　임시정부 요인들은 2진까지 환국한 다음 날 저녁 김구 주석이

1　김기협, 『해방일기 2』(너머북스, 2011), 174쪽.

고국의 품에 돌아온 임시정부 요인 일동이 한자리에 모여 감격을 달랠 때.
앞줄 왼쪽부터 장건상, 조완구, 이시영, 김구, 김규식, 조소앙, 신익희, 조성환.
뒷줄 엄항섭, 황학수, 성주식, 김성숙, 김상덕, 유림, 조경한, 김봉준, 유동열 등.

머문 경교장에서 국무회의를 열고 국내사정에 대처할 과제를 논
의했다. 요인들 간에는 분리 환국한 감정도 폭발하였다. 회의가
끝난 뒤 요인들은 내외신 기자들 앞에서 환국의 소견을 밝혔는데,
다음은 신익희의 소견이다.

우리 임시정부에 관계하고 있는 사람들에게 그동안 중국에서 고생을 많이 했다고 환영해주시는 데 대하여 국민 여러분께 무어라 감사의 말씀을 드려야 좋을지 모르겠습니다. 그런데 우리는 "이러한 업적을 가지고 왔소" 하고 제시할 것이 없으니, 여러분 보기가 부끄러울 따름입니다. 임정에 관계한 우리들은 직접 악독한 일제 치하에서 하루도 마음 편할 날이 없이 기나긴 나날을 우울과 초조와 번민 속에 지낸 국내의 우리 동포 동지들에게 도리어 송구하고 미안함을 불승不勝하는 바입니다. 지금 우리는 미군정의 통치를 받고 있으나 우리의 앞에는 독립이 보장되어 있으니, 그 점도 해활천공海活天空입니다.

우리는 3천만이 단결해서 이제부터 손에 손을 잡고 마음 놓고 독립운동할 시기가 온 것입니다. 우리의 독립운동은 비로소 이제부터 첫 출발을 하게 되는 것입니다. 한 나라 한 민족의 독립은 누가 주어서 받는 것이 아니라 우리가 쟁취해야 하며, 싸워서 가져야 한다는 것을 우리들은 명심하여야 할 것입니다. 내 나라, 내 땅에서 우리 동포와 같이 어우러져서 안심하고 운동하여 뺏어 올 수 있게 되었다 이 말씀입니다. 끝으로 도산 안창호 선생의 말대로 "여러 부로夫老 형제자매 동포 동지여! 너도 일하고 나도 일하자!" 이 한마디로 족할까 합니다. 여러분 다 같이 독립을 쟁취하는 그날까지 용기를 갖고, 우리 다 함께 매진합시다.[2]

2   유치송, 『해공 신익희 일대기』, 438~439쪽.

임시정부 요인들은 임시정부 환국 환영준비위원회에서 마련한 경교장과 한미호텔에 머물면서 해방정국에 대처하였다. 12월 19일 서울에서 대규모적인 임시정부 개선 환영식이 열렸다. 미군정은 냉대했지만, 국민은 임정 요인들을 뜨겁게 환영했다.

정치공작대와 행정연구반을 설치, 미군정과 맞서다

일제의 패망이 형식논리적으로는 한민족의 해방이지만, 현실상황은 딴판이었다. 분단된 남쪽에서 미국(군)이 새 주인 노릇을 하고 미국의 비호를 받은 이승만이 재빠르게 독립촉성중앙협의회를 결성하는 등 선수를 치고 나왔다. 이에 앞서 여운형이 건국동맹에 이어 인민위원회를 구성했다가 미군에 의해 해산되었다.

임시정부 요인들은 설 자리가 별로 없었다. 개인자격의 귀환이지만 여전히 임정 내무부장의 직함을 갖고 있었던 신익희는 행동에 나섰다. 해방공간의 막중한 시기에 언제까지나 방관자가 될 수는 없었다.

환국하기 전 충칭에서 의정원과 정부 각료 연석회의에서 제기하였던 정치공작대와 행정연구반을 구성키로 하였다. "우선 해공은 임정의 내무부장으로 신국가 건설의 기틀을 마련하기 위해 정치공작대를 조직하였다. 임정의 내무부를 중앙으로 지방의 군·면에 이르기까지 조직된 정치공작대의 연락망은 유사시 행정망으로 전환할 수 있을 정도였다. 상하이 임정 초기 내무총장인 안창호를

도와 국내의 통치조직으로 연통제를 구축하던 시기를 방불케 하
는 것이었다."[3]

정치공작대는 1946년 2월 중순 200여 명으로 조직되고 한때 큰
세력을 형성하였다.

정치공작대는 이름 그대로 정치행동대로 전국적인 조직을 갖추
기에 이르렀다. 그 산하에 백의사白衣社라는 비밀결사대도 두었는
데 해공은 3명의 청년대원을 밀입북시켰다. 그들은 1946년 3월 1일
평양에서 열린 3·1절 경축식장에 폭탄을 던져 그때 북조선임시인
민위원회 위원장이면서 조선공산당 북조선분국 책임비서이던 김
일성을 죽이려 했으나 소련군 경비대장만 다치게 하는 정도에 그치
고 말았다.[4]

신익희는 이어 미군정에서 행정권의 인수를 준비하면서 이를
위해 행정연구반을 조직하였다. 농림·내무·치안·수산·광업·상
공·전기·보건·문화·교육·사회·법무·외교 분과로 나누어 각 분
야에 대한 연구와 실무를 통해 정권인수에 대비한 것이다.

지방의 군·면 단위까지 조직된 행정연구반 중앙의 주요 멤버는
최하영·윤길중·전예용·전봉덕·한동석·한통숙·정구충·김용근·
계관순·옥선진·장철수·윤백남·차윤홍·이종일·이문세·정운근·

3 김용달, 『한국독립운동의 인물과 노선』, 95쪽.
4 김학준, 「해공 신익희」, 『해방공간의 주역들』(동아일보사, 1996), 127쪽.

이삼규·정경옥 등 해방정국에서 활동한 각계의 주요 인물들이었다. 개중에는 친일 부역자도 포함되어 물의를 빚기도 했다.

환국한 임시정부 요인들은 해방정국의 주역이 되지 못하였다. 12월 말 모스크바 3상회의에서 5년 신탁통치를 결정했다는 소식이 전해지면서 임정 요인들은 반탁운동에 앞장서고, 미군정과 친일세력으로부터 사사건건 견제를 받았다. 참다못한 김구 주석과 내무부장 신익희는 12월 31일 「국자國字」 제1호·2호의 임시정부 포고문을 발령했다. 미군정과 정면 배치되는 결단이었다.

국자 제1호

1. 현재 전국 행정청 소속의 경찰기구 한국인 직원은 전부 임시정부 지휘하에 예속하게 함.
2. 탁치 반대의 시위운동은 계통적·질서적으로 할 것.
3. 돌격 행위와 파괴 행위를 절대 금함.
4. 국민의 최저생활에 필요한 식량·연료·수도·전기·교통·금융·의료기관 등의 확보, 운영에 대한 방해를 금함.
5. 불량상인들의 폭리 매점 등은 엄중 취체함.

국자 제2호

이 운동은 반드시 우리의 최후 승리를 취득하기까지 계속함을 요하며 일반 국민은 그 후 우리 정부 지도하에 제반 산업을 부흥하기를 요망한다.

미군정사령관 하지는 이와 같은 임시정부의 처사를 군정에 대한 쿠데타라고 비난하면서 김구와 신익희를 구속하여 인천 감옥에 수감했다가 중국으로 추방할 계획을 세웠다. 이 계획은 한국 민중의 대대적인 저항을 불러올 것이라는 주변의 만류로 실행되지는 않았다. 하지만 임시정부와 미군정은 돌이키기 어려운 관계가 되었다.

해방정국은 신탁통치 문제를 둘러싸고 좌우세력의 찬반투쟁으로 갈리고 통일정부 수립과 친일파 청산 등 민족적인 과제는 실종되었다. 임시정부는 미군정이 비록 실체로 인정하지는 않았으나 정치적으로는 가장 활발하게 반탁운동을 전개했다. 한 세대에 걸쳐 피어린 항일투쟁으로 독립된 나라가 또 다시 외국의 신탁통치를 받을 수 없다는 것이 신익희를 비롯한 임시정부 요인들의 소신이었다.

신탁통치 반대투쟁에 앞장서다

해방의 해 12월 말 미·영·소 3국의 대표들이 모스크바에 모여 한반도의 신탁통치안을 결정했다. 한반도의 신탁통치 방침은 2차 대전 중 미국이 구상하여 카이로, 테헤란, 얄타 회담 등에서 제안한 바 있었다. 일본이 예상보다 빨리 항복하고 한반도는 미·소 양군이 분할점령하게 되자 관련국들은 한반도문제 처리를 위해 모스크바에서 3상회의를 열었다.

이 회의에서 미국 번즈 국무장관은 한국인의 참여가 극히 제한된 '통일시정기구'를 설치하여 "미·영·중·소 4개국 대표로 구성되는 집행위원회에서 권한을 수행할 것"과 "탁치기간은 5년을 넘지 않을 것" 등을 골자로 하는 안을 제시했다. 이에 소련은 "한국의 독립을 부여하기 위한 임시정부 수립과 그 전제로서 미소공동위원회 설치" 등 4개항의 수정안을 제안했다. 회의는 소련의 수정안을 약간 손질하여 최종안으로 채택했다.

신탁통치안을 요약하면 ① 한국을 독립국가로 재건하기 위해 임시적인 한국민주정부를 수립한다, ② 한국임시정부 수립을 돕기 위해 미소공동위원회를 설치한다, ③ 미·영·소·중의 4개국이 공동 관리하는 최고 5년 기한의 신탁통치를 실시한다는 내용이었다.

한반도의 5년 신탁통치안이 국내 신문에 보도되면서 남한의 정국은 마치 벌집을 쑤셔놓은 것 같았다. 신탁통치 소식을 처음 전한 《동아일보》는 1945년 12월 27일자에서 "소련은 신탁통치 주장, 미국은 즉시 독립 주장"이란 제목의 1면 머리기사를 대서특필했다. 외신 보도의 형식이었다.

이 기사는 "모스크바에서 개최된 3국 외상회담을 계기로 조선 독립문제가 표면화하지 않는가 하는 관측이 농후해가고 있다. 즉 번즈 미 국무장관은 출발 당시에 소련의 신탁통치안에 반대하여 즉시 독립을 주장하도록 훈령을 받았다고 하는데, 3국 간에 어떤 협정이 있었는지 없었는지는 불명하나, 미국의 태도는 카이로 선언에 따라 조선은 국민투표로써 그 정부의 형태를 결정할 것을 약속한 점에 있는데, 소련은 남북 양 지역을 일괄한 일국 신탁통치를 주장하여 38선에 의한 분할이 계속되는 한 국민투표는 불가능하다고 하고 있다"라면서 "소련의 구실은 38선 분할점령"이란 큰 제목을 달아 보도하였다.

이 보도를 근거로 임시정부 세력을 비롯하여 모든 정당·사회단체들이 반탁운동을 격렬하게 전개하였다. 정치인들뿐만 아니라 국민 대부분이 반탁운동에 동조하였다. 즉각적인 자주독립만을 기대했던 독립운동가와 국민에게 신탁통치란 상상할 수 없는 마른하늘의 날벼락이었다. 따라서 이념과 정파를 초월하여 반탁운동이 전개되었다. 조선공산당과 조선인민당도 반탁 대열에 섰다. 좌익세력의 경우 1946년 1월 2일부터 공식적으로 찬탁의 입장을 취할 때까지 개별적으로는 반탁의 입장을 분명히 하였다.

모스크바 3상회담이 진행 중인 시점에서 반탁운동에 불을 지른 이 기사는 3상회담의 내용을 신탁통치만으로 국한시키면서 미국이 즉시 독립을 주장하고, 소련이 신탁통치를 주장한 것처럼 전한 날조된 기사였다. 더욱이 놀라운 것은 12월 25일자 미국발 기사라면서 정확한 출처도 밝히지 않았다. 그 때문에 이 기사가 나가게 된 배경을 놓고 국내 언론을 통제하던 미군정 당국의 단순 실수설, 반소·반탁 감정을 형성하기 위한 국내외의 모종의 음모설 등이 지금까지 제기되고 있다.

《동아일보》의 이 기사와 관련 최근 연구 성과에 따르면 조작이라는 주장이 제기되고 있다.

이 기사를 조작한 자는 누구였나? "워싱턴 25일발 합동"이라는 걸 보면 합동통신사로 거슬러 올라가서 찾아봐야 할 텐데 워싱턴의 어느 매체에 누가 쓴 글인지도 밝혀져 있지 않다. 그렇다면 한민당 대표 송진우가 사장으로 있던 동아일보의 조작으로 보지 않을 수 없다. 동아일보가 주범이란 것은 증거가 분명한 사실인데, 범죄의 성격으로 보아 단독범행은 아니다. 공범 내지 공모자를 밝히는 것은 명확한 증거가 없으므로 쉽지 않은 일이다. 정용욱은《태평양성조기》지 12월 27일자에 같은 기사가 실린 것으로 보아 맥아더 사령부 개입의 개연성을 밝혔고, 이 허위기사의 유포가 방치된 사실로 보아 군정청의 작용을 시사했다. 완벽한 실증적 증거는 아니라도 더할 나위 없이 명확한 개연성을 보인다.[5]

그러니까 신탁통치를 추구하는 미 국무성 정책을 뒤집기 위해 맥아더 사령부, 미군정청, 이승만, 한민당 세력이 협력하여 조작한 것이라는 주장이다.

대한민국 임시정부는 12월 28일 긴급 국무회의를 열어 김구와 김규식의 명의로 「4개국 원수에게 보내는 결의문」을 채택하고, 각계 대표 70여 명으로 신탁통치반대 국민총동원위원회를 결성하였다. 여기서 강력한 반대투쟁을 결의하고 김구·김규식·조소앙·김원봉·유림·신익희·김붕준·엄항섭·최동오 등 9인을 탁치반대 총동원위원회의 '장정위원'으로 선정했다. 이날 채택한 성명서는

5   김기협, 『해방일기 2』, 295~296쪽.

다음과 같다.

미 CIC부대에 감금된 사건

1개 신문의 왜곡된 신탁통치 보도는 해방정국의 황금과도 같은 시기에 이 문제가 온통 블랙홀로 빠져들게 만들었다. 모든 현안과 이슈가 이것으로 빨려들어갔다. 해방정국의 최대 이슈는 통일정부 수립과 미·소 양군의 철수 그리고 친일민족반역자 처벌이었다. 민생문제도 시급한 과제였다. 하지만 신탁통치 문제는 이 같은 민족사 절체절명의 과제를 뒤로 한 채 찬반 투쟁으로 치달았다. 그리고 찬반 운동이 어느새 이념대결로 대체되었다. 친일민족반역자들은 '귀축미영'에서 '친미반공'의 기치를 들고 해방공간의 주역으로 탈바꿈하였다.

반탁투쟁은 임시정부가 중심이 되고 내무부장 신익희가 주도하였다. 그는 내무부 산하에 자문기관으로 설치한 행정연구반에 반탁운동의 방법을 구체적으로 연구하라고 지시하고, 12월 29일 밤 서울시내 9개 경찰서장을 정치공작대 중앙본부인 낙산장으로 불렀다. 영등포 경찰서장만 불참한 가운데 통절한 훈시를 하였다.

과거 잔혹한 일제의 억압 아래서도 우리 선열들은 조국의 독립을 위해 피를 흘렸거늘, 독립이 보장된 이 마당에 탁치託治를 반대하고, 군정의 철폐를 주장하며, 삼천만 모두가 대한민국 임정 산하에 똘똘 뭉쳐 있음을 국내외에 과시하는 것은 당연하지 않겠소. 이 반탁 시위가 당장에 우리의 독립을 촉진시키는 한 방편이니만큼 여러분들이 솔선하여 신탁통치와 군정을 강력히 반대하고, 임정 지령에 절대 협력을 부탁하는 바이오.[6]

신익희가 국자 1, 2호의 발령에 이어 서울의 경찰서장들을 소집하여 반탁과 미군정 철폐를 주장하고 경찰이 이에 동조하면서 사달이 벌어졌다. 해가 바뀐 1946년 1월 3일 미주둔군 사령관 하지가 미군 정보기관 CIC에 신익희를 구금 문초하라는 지시를 내리고 이에 따라 신익희는 청진동 CIC본부에 감금되었다.

분통이 터질 일이었다. 일제와 싸우다가 해방된 조국에 돌아와서 통일된 나라를 세우고자 일하다 또 다른 외국군에게 감금된 신세가 된 것이다. 하지만 그는 차분한 어조로 CIC 요원들을 상대로 훈시를 했다. 대의와 명분이 뒷받침되는 논리정연한 훈시에 그들

6   유치송, 『해공 신익희 일대기』, 453쪽.

은 설득되고 곧 석방하였다.

　일찍이 나와 내 동지들은 저 포악한 일제의 사슬 아래서도 해외
에 망명, 독립운동을 했소.
　하물며 해방된 조국에 돌아와 독립이 약속된 이 마당에 독립운동
을 하는 것은 너무도 당연하지 않은가? 더욱이 당신네들이 우리 민
족의 해방을 위해 싸웠다면, 끝까지 우리를 도와야 하지 않은가?[7]

　사실 모스크바 3상회의에서 결정된 사항 중에는 활용하기에 따
라 우리에게 유리한 조항도 없지 않았다. 민족지도자들이 좀 더
진지하게 이를 검토하고 분석하여 결집된 역량으로 대처했으면
해방공간의 상황이 크게 달라질 수도 있었을 것이다. 하지만 정확
한 정보가 없었고 이를 확인하고자 하는 인력이 없었던 것이 무엇
보다 아쉬운 대목이었다.
　신익희는 반탁운동을 주도하면서 미·소 열강의 대립과 이에 추
종하는 신사대주의 세력의 준동을 지켜보며 한없는 무력감에 빠
져들었다. 그리고 즉각적인 자주독립정부 수립운동에 나섰으나
세가 불리하여 역부족이었다. 조선공산당 등 좌익세력은 모스크
바의 지침에 따라 1946년 초부터 찬탁으로 돌아섰다.

....
7　같은 책, 458쪽.

국민대 설립 후 학장을 맡아

그에게는 젊은 시절부터 간직한 조국독립과 함께 또 하나의 꿈이 있었다. 나라가 망하고 역사가 소멸되는 이유 중에는 국민이 깨어 있지 못한 까닭이 크다고 믿었고, 그래서 20세 때에 고향에 광동의숙을 차려 아이들을 가르쳤다. 망명기 중국의 여러 지역을 다니면서 근대적인 교육·훈련기관을 보게 되고, 이 꿈은 더욱 영글어졌다.

환국 후 여러 가지 분방한 속에서도 학교를 세우고자 하는 열망은 변하지 않았다. 일제의 우민화 정책으로 이 땅에는 이렇다 할 교육기관이 하나도 없었다. 조국이 해방되고도 미군정이 들어서고 신탁통치가 운위되는 상황은 여전히 교육수준이 낮아 국민이 깨어 있지 못한 때문이라 보았다.

그는 중국에서 한·중 합작을 위해 동지들을 규합하고자 구이저우성에 들러 허허벌판의 길섶에서 밤을 새우며, 나라를 되찾으면 무엇보다 훌륭한 대학을 세우겠다는 꿈을 그렸다. 다음은 그가 환국 후 국민대를 설립하면서 그때를 돌이킨 술회이다.

천도天道가 무심치 않아서 왜놈이 거꾸러지고 우리나라의 국권이 회복되면 고국에 돌아가서 학교를 세우자. 중국 캉유웨이康有爲(강유위)의 만목초당萬木草堂, 장제스의 황포군관학교가 신생 중화민국의 새롭고 건전하고 위대한 동량지재棟樑之材를 산출하고, 일본의 송하숙松下塾이 유신 일본의 주역들인 거물 정치인을 배출케 한 생생한 역사를 볼 때, 무엇보다도 앞서 해야 할 일은 학교를 세우는 것이다.

학교를 세우는 동지적同志的인 환경에서 학생을 집합하고, 가족적인 분위기에서 교수를 규합해서 스승과 제자가 일체가 되어 일의 전심一意專心한다면 중국혁명의 위업을 달성한 그 사람들이나 일본 유신의 홍업을 성취한 그 사람들을 왜 부러워할 것이며 어째서 흠모할까.

순하인舜何人·여하인余何人이지 순舜 임금은 그 누구며 나는 또 누구냐 말이다. 우리 국민의 총명과 예지를 가지면 천하의 그 어느 나라, 어느 민족만 못할 것인가. 신생 대한민국을 떠메고 나갈 준재와 수재, 교초翹楚를 배출하여 어렵고 힘든 건국의 일을 맡겨야 할 것이다.[8]

환국한 일주일 뒤인 12월 6일 교육 분야에 역량이 있는 백남白南 윤교중尹敎重을 만난 데 이어 이튿날부터 본격적으로 대학 창설을 위해 일을 서둘렀다. 뜻에 공감하는 분들이 많아서 혼란기임에도 일이 신속히 진행되었다. 관계자들과 여러 차례 회합하고 종합한 의견은 다음과 같았다.

첫째, 위대한 민족운동의 효시嚆矢인 3·1 운동은 국민으로서는 조국 광복운동이고, 세세사석으로 보면 전 세계 민주주의의 제국주

---

8 신창현, 『해공 신익희』, 205쪽.

의에 대한 투쟁이라 할 수 있다. 그러니만치 앞으로의 신생 국가는 3·1 정신을 계승하고 3·1의 대의를 기초로 해서 건국된 대한민국 임시정부의 법통을 이어받아 건국될 것이고, 더구나 불구대천지수인 왜적이 물러간 마당에서 참신하게 견학될 이 학교만은 과거 낙후한 대한제국이나 또는 일제 통치하에서 인·허가된 교육기관과는 달리 가장 비참한 사업인 혁명운동과 가장 위험한 사업인 독립운동에 시종 헌신한 분에게 고문과 명예회장·회장직을 맡기고, 비교적 깨끗하고 양심적이며 능력 있는 분을 창립위원으로 위촉할 것.

둘째, 대학은 법문 계통의 야간 대학으로 시작하되 학부에는 법학과·정경학과의 두 과를 설치하고 전문부에 법과와 정경과 두 과를 둔다. 생활상 사정의 소치로 주경야독을 지망하는 허다한 구학 청년에게 최고 학문을 연구하는 우선의 기회를 주어서 최고 교육의 보편화에 노력할 것.

셋째, 기성회 사무실과 강당은 서울 시내 중심부에 있는 기존 학교의 교사校舍를 차용하도록 하되 그 교섭은 백남白南이 담당할 것.[9]

신익희는 가칭 국민대학설립 기성회라는 임시사무소 간판을 걸고 각종 서류를 준비하여, 1946년 1월 하순부터 고문에 이승만과 김구를, 명예회장에 김규식·조소앙을 위촉하고 기성회장은 자신이 맡기로 하였다.

그 밖에 이사 40명, 상무이사 등을 선정하고, 서울 종로구 내수

---

9 같은 책, 206쪽.

동 15번지 보인상업학교 별관 2층집을 차입하여 개교 준비를 서둘렀다. 1층에는 학장실과 사무실, 작은 강의실 하나가 있고 2층에는 넓은 강의실 두 개가 있는, 아직은 초라한 모습이었다.

학부는   법학과 50명(야간)
         정경과 50명(야간)
전문부   법률과 100명(야간)
         정경과 100명(야간)

신익희는 오랜 꿈이었던 국민대학을 1846년 9월 1일 개교하고 재단 이사장 겸 학장을 맡아 경영하면서 직접 강의도 하였다. 강의주제는 '민족학'이었다. 신탁통치 찬·반탁을 둘러싸고 혼미가 거듭되는 시기에 이룬 성과였다.

민족진영 통합을 위한 '독촉국민회' 조직

1946년 2월 신익희는 분열되어가는 민족진영의 단결을 모색하고 자 이승만 주도의 대한독립촉성중앙협의회와 임정계의 반탁국민 총동원중앙위원회를 통합하여 대한독립촉성국민회(독촉국민회)를 결성하였다. 총재 이승만, 부총재 김구·김규식, 고문 권동진·김창 숙·함태영·조만식, 회장 오세창으로 하는 민족진영의 거대 조직 이었다. 자신은 부위원장을 맡고, 실무에는 정치공작대원들이 동 원되었다. 미소공동위원회 활동중지, 자주정부 수립, 38선 철폐 등을 강령으로 내세웠다.

학계 일각에서는 신익희의 '독촉국민회' 조직이 임시정부 주류 와 결별하게 되는 결정적인 계기로 보기도 한다. 이를 통해 이승 만과 밀착하게 되었다는 주장이다. 뒷날 그가 이승만에 대항하는 정치세력을 규합하려고 할 때 독립운동가 유림柳林이 "이승만 앞에서 ×××노릇을 한 사람"[1]이라고 몰아부쳤다.

신익희는 중국 망명 시절에 민족진영의 통합을 위해 많은 노력을 하였고, 해방정국에서도 미군정세력과 기회주의자들의 득세에 대처하고자 '독촉국민회'를 결성하였다. 하지만 결과적으로 이로 인해 임정 측과 멀어지게 되었다.

6월 3일 이승만이 정읍에서 남한단독정부수립론을 제기하면서, 정국은 신탁통치 문제에서 단일정부냐 좌우합작이냐로 이슈가 옮겨갔다. 이 무렵 남한의 정치인(세력)들의 노선을 정리해보자면, 이승만 계열은 신탁통치 반대·단독정부 수립, 김구 계열은 신탁통치 반대·남북통일정부 수립, 좌익 계열은 신탁통치 찬성·남북통일정부 수립, 중도세력은 신탁통치 문제 일단 보류·우선 통일된 임시정부수립을 각각 주장하였다.

이승만 중심의 일부 우익세력의 남한단정수립론이 알려지고 '정읍 발언'에 무게가 실리면서, 7월 25일에 단정수립을 반대하고 통일정부를 수립하기 위한 좌우합작위원회가 구성되었다. 우익의 김규식·안재홍·최동오, 좌익의 여운형·허헌·이강국 등이 참여하고 김규식이 주석을 맡았다.

제1차 좌우합작위원회 회의에서 신탁통치·토지개혁·친일파 처리 문제를 놓고 좌우 양측의 의견 차이가 좁혀지지 않자, 좌우합작위원회는 양측의 의견을 절충한 '좌우합작 7원칙'을 마련했다. 이에 대해 한민당이 토지의 무상분배에 반대, 위원회 활동 자체를 외

1　김기협,『해방일기 6』, 22쪽. 인용문 중 ××× 표기는 저자.

면하고 좌익 측은 애매한 중간노선임을 들어 반대하였다. 이로써 좌우합작운동은 점차 정체상태에 빠지게 되고, 미군정의 정책이 좌우합작 지지에서 단독정부수립 쪽으로 변하면서, 이승만에게는 유리한 국면으로 전개되었다.

정국은 급속히 단정수립 쪽으로 진행되었다. 제1차 미소공동위원회가 결렬되자 미군정이 좌우합작운동을 뒷받침하기 위해 남조선과도입법의원과 함께 남조선과도정부를 설치했다. 안재홍을 민정장관에 임명하고 8부 6처를 두었다. 그러나 미군정장관의 거부로 안재홍 민정장관의 활동은 무력화되고 좌우합작운동 역시 더는 힘을 받지 못하였다.

미국은 1947년 9월 한반도 신탁통치안을 포기하고 한국문제를 유엔에 이관하였다. 이것은 이승만에게 대단히 유리한 국면이었다. 그는 이 기회를 놓치지 않았다. 임병직과 임영신을 유엔으로 보내 로비 활동을 하도록 하였다. 미국이 주도한 유엔총회는 1947년 11월 14일 '유엔 한국임시위원단'의 감시하에 남북한 총선거를 실시, 독립국가를 세우자는 미국의 결의안을 소련 대표가 퇴장한 가운데 43 : 0으로 가결시켰다.

결의안은 '남북총선거 실시'라 했으나 실제로는 '남한만의 총선거'였다. 이 결의안이 채택되고 해가 바뀐 1948년 2월 유엔소총회는 '유엔 한국임시위원단'의 접근 가능지역, 즉 남한만의 총선거 실시안을 가결하였다.

유엔에서 한국문제가 토의될 시점에 즈음하여 11월 4일 이승만은 성명을 통해 단독정부 수립론을 거듭 제기하였다.

우방들이 우리를 도와서 남북한총선거를 행하게 할지라도 우리 정부대표가 있어서 협조해야만 우리 민의대로 해결할 수 있을 것이며 불연이면 유엔위원단이 남북총선거를 감시한다 하여도 소련이 불응하면 그 결과는 남한총선거로 귀결될 뿐이니 결국은 시일만 허비하게 될 것이며, 설령 유엔의 결의대로 국회가 구성되고 정부가 수립되더라도 파괴분자들이 이에 참가하여 파괴를 일삼을 터이니 진정한 주권회복은 무망한 일입니다. 그리고 유엔의 제 우방 대표들은 우리 민의에 따라 해결하기를 주장하므로 정부를 조속히 수립하기 위해서 남한의 총선거 시행을 위하여 일의 노력하면 우리 주권회복은 곧 실현될 것입니다.[2]

이런 와중에 1947년 7월 19일 여운형이 암살되어 중도세력이 큰 타격을 입었다. 같은 해 12월 22일 김구는 남한단정수립을 반대하는 성명을 발표하였다. 김구는 "우리는 자주 통일정부를 원하므로 어떤 경우라도 단독정부는 절대 반대한다"라고 천명하고, 이와 관련하여 이승만을 방문하고 몇 차례 구수회담을 가졌으나 합의점을 찾지 못하였다. 신익희는 현실론을 들어 단정 측에 몸을 실었다.

2 《동아일보》(1947년 11월 6일).

임시정부 주류와 결별, 단정수립 측에 합류하여

김구가 비타협적 혁명가라면, 신익희는 혁명가적 기질과 정치가적 역량을 구비한 현실론자에 속한다. 해방공간, 남북한에 미·소의 군대가 주둔한 상태에서 김구의 임정계열 주류는 시종 반탁과 통일정부 수립론을 주창하였다. 이에 비해 신익희는 한반도 상황을 받아들이면서 문제해결의 실마리를 풀고자 하는 보다 현실론의 입장이었다.

하지 사령관은 1946년 10월 미군정의 자문기관으로 설치했던 남조선과도민주의원을 입법의원으로 개편하여, 입법의원의 절반은 자신이 임명하고 절반은 민선토록 하였다. 신익희는 서울에서 입법의원에 당선되었다.

이듬해(1947년) 1월 20일 개원한 입법의원은 좌우합작을 추진해온 하지 사령관의 의도대로 좌우합작파인 김규식을 의장으로 선출했으나 뒤이은 회의에서 신익희가 '반탁결의안'을 긴급 발의, 통과시켰다. 입법의원을 자신의 어용기구처럼 활용하려던 하지의 의도가 복병을 만나 어긋나게 된 것이다.

그런 한편 남한단정론이 굳어져가면서 신익희는 현 상황에서 남북통일정부를 수립한다는 것은 허상이라고 주장하고 점차 이승만의 단정론에 기울어갔다. 1948년 2월에는 '유엔소총회'를 앞두고 입법의원에서 의원발의를 통해 "가능지역에서 총선거 실시를 요구하는 긴급 동의안'을 제안, 김규식 의장의 만류가 있었음에도 동의안을 통과시켜 유엔에 전달하였다. 이와 관련하여 김규식이

의장직을 사퇴하면서 신익희가 의장으로 선출되었다.

이와 같은 '현실참여론'으로, 신익희는 단일정부 불가와 남북협상론을 주장하는 김구·김규식과 노선상의 결별을 하고 독자노선을 추진하기에 이르렀다.

충청에 남겨놓고 온 부인과 아들·딸이 1946년 봄에 귀국했다. 독립운동가 가족들은 갖은 고초를 겪으며 한커우漢口를 거쳐 상하이에서 배를 타고 부산에 도착, 화물차에 실려 40여 시간 만에 서울에 도착했다. 7세 때 어머니의 손에 끌려 고국을 떠났던 딸 정완이는 어느덧 30세의 성년이 되었다. 당시 신익희는 임시정부 환국환영준비위원회에서 마련해준 임시 거처인 동대문 낙산장에서 지내고 있었다. 이승만은 돈암장, 김구는 경교장, 김규식은 삼청장, 박헌영은 혜화장에 각각 거처가 정해졌다. 환국 환영준비위원회가 친일재계 인물들에게서 기증받은 집이었다. 신익희는 1년여 만에 가족이 재회한 것이다. 당시 그는 정치공작대와 행정연구반을 운영하고 국민대학 창립과 자유신문사 사장, 입법의원 활동 등 그야말로 눈코 뜰 새 없이 분주한 날들을 보내고 있었다.

1942년 충칭에서 임시정부 의정원의원을 지낸 바 있는 딸(정완)은 1981년 『해공 그리고 아버지』라는 소책자를 펴냈다.

하여튼 우리 식구들은 근 1년이나 헤어졌던 아버지를 다시 만나 동대문 낙산장에 짐을 풀었다. 낙산 밑에 삭은 대궐 같은 집이었는데 어느 유지가 아버지를 위해 빌려주신 것이었다. 몸이 여위셨던 충칭 重慶 때와는 달리 새로운 의욕에 불타오른 탓인지 아버지의 건강은 매우 좋으셨다. 이 무렵 아버지는 정말 눈코 뜰 새 없이 바쁘셨다.

민족진영의 대동단결을 주장하신 아버지는 친일분자들의 죄를 엄중히 처단해야 한다는 강경론에 대해 죄가 가볍고 앞으로 새 나라를 만드는 데 기여할 수 있는 사람들은 포섭해야 한다는 지론을 폈다.[3]

국민대 설립이 자의에 의한 것이라면 1946년 6월에 취임한 자유신문사 사장 일은 떠맡게 된 것이다. 해방과 함께 통제의 둑이 무너지면서 군소 언론사가 우후죽순처럼 생겨났다. 사회분위기를 타고 사회주의 계열이 많았다. 자유신문사도 그중 하나였다.

독립운동가 정인보의 인척 정인익이 1945년 매일신보 출신 10여 명과 서울 중구 저동 1가 73번지에서 《자유신문》을 창간했다. 정인익은 사회 저명인사를 물색하던 중 신익희에게 신문사 사장을 맡아줄 것을 간청하였고, 신익희는 경영에 책임지지 않는 조건으로 수락했다. 신문논조를 중도적인 공정언론사로 돌려놓고자 해서였다. 이후 4년간 무보수로 일하면서 신문사 논조가 바로잡히는 것을 보고 손을 뗐다.

남한 단독선거에 참여하기로

한반도의 운명을 가르는 1948년 새해가 되었다. 유엔한국위원단

---

3 신정완, 『해공 그리고 아버지』(1981), 93쪽.

의 내한을 앞두고 이승만은 연두사에서 "다시없이 좋은 이 기회를 놓치지 말고 우리의 이념인 민족자결주의를 선양, 국권수립에 매진하자"라고 호소했고, 김구는 "우리의 정당한 주장인 자주독립의 통일정부 수립을 모색하자"라고 역설했다. 하지 중장과 군정장관 딘 등 미군정 수뇌부도 "금년은 한국인이 자유의사에 의해 민족주의적 통일국가가 수립되는 역사적인 해"라고 강조했다.[4]

유엔한국위원단이 1월 7일 입국하고, 9일에는 위원단 공보 제1호를 통해 "한국대표의 참가 없이 한국문제가 공정하게 해결될 수 없으며 한국은 독립되고 점령군대는 단시일 내에 철수해야 한다는 것이 유엔총회의 일치된 의견"이라고 전제하고, "총회는 한국독립 실현방법으로 3월 31일까지 총선거를 실시, 대표를 선출한 후 이들의 국민정부를 수립할 국민의회를 구성하며 수립된 국민정부는 위원단과의 협의 아래 군대를 편성, 군정당국으로부터 정권을 인수하고 90일 이내 점령군을 철수하도록 결의했다"라고 밝혔다.[5]

당초 유엔한국위원단은 국회의원 총선거를 3월 31일로 예정하였다. 그러나 선거일은 5월 10일로 늦춰졌다. 한편 북한의 김일성이 평양에서 열린 민중대회에서 유엔한국위원단의 북한방문은 허용하지 않을 뜻을 표명하고, 평양방송도 유엔한국위원단을 "한국을 재차 식민지화하려는 미국의 괴뢰"라고 비난했다.[6] 소련대표 그로미코는 1월 22일 유엔한국위원단의 북한방문 요청을 정면으

---

4 최영희, 『격동의 해방 3년』(한림대학교 아시아문화연구소, 1996). 429쪽.
5 같은 책, 431~432쪽.
6 같은 책, 432쪽.

로 거부했다.

이승만과 한민당은 남한만의 단독정부 수립을 주장하고, 김구와 한독당은 양군 철수 뒤 남북총선으로 맞섰다. 김구는 이를 위해 3월 8일 남북요인협상론을 제기하였다.

한편 남조선과도정부 정무회는 2월 6일 즉각적인 남북통일론의 비현실성과 준비 없는 미·소 양군 철군은 남한을 적화시킬 위험이 있다고 경고하고, 남한만의 총선거 필요성을 역설하고 나왔다. 한민당도 김구·김규식의 남북협상론을 당리당략에 사로잡힌 주장이며 남로당의 주장을 대변하는 인상을 준다고 비난했다. 이에 맞서 2월 7일에는 여기저기에서 유엔한국위원단을 거부하는 총파업과 시위가 발생하였다.

이런 가운데 김구는 10일 「3천만 동포에게 읍고함」이란 장문의 성명을 통해 "통일된 조국을 건설하려다 38선을 베고 쓰러질지언정 일신의 구차한 안일을 위해 단독정부를 세우는 데는 협력하지 않겠다"라고 단호히 선언하고, 이어서 "한민당은 "미군정하에서 육성된 미군정의 앞잡이"이며 "매국매족의 일진회식 선각자"라고 신랄하게 비난했다.[7]

유엔한국위원단은 남북한 선거관리 국가로 정식불참을 통고한 우크라이나를 제외한 ① 필리핀, ② 엘살바도르, ③ 중국, ④ 프랑스, ⑤ 러시아, ⑥ 캐나다, ⑦ 오스트리아, ⑧ 인도 대표로 구성하고 인도 대표 메논을 의장으로 선출하였다. 유엔한국위원단은 북

---

7 같은 책, 444쪽.

한의 입북거부와 관련, 남한만의 선거 실시 여부에 대해 토론을 거듭하게 되었다. 이들의 손에 한국의 장래, 특히 이승만의 정치적 운명이 달려 있었다. 1948년 2월 26일 유엔소총회에서 유엔위원단의 제1안인 가능지역 총선안이 가결되었다.

남한의 정국은 다시 단선을 둘러싸고 유엔소총회의 결의에 대한 찬반으로 갈라졌다. 하지만 대세는 단선지지 쪽으로 기울었다. 제주에서는 4월 3일 단선을 반대하면서 무장항쟁이 일어났다. 미군정은 제주도지방경비사령부를 설치하고 통행증명제를 실시하는 한편, 4월 10일에는 국방경비대 제5연대의 7개 대대를 제9연대에 증파. 배속시켜 대대적인 진압작전을 전개하였다. 유채꽃이 곱게 피는 제주도에 피바람이 불었다.

김구와 김규식은 분단정권 수립을 막기 위한 마지막 수단으로 북한의 김일성과 김두봉에게 남북요인회담을 제의하였다. 4월 27일부터 30일 사이에 평양에서 '남북정당사회단체 대표자 합동회의'가 열렸다. 또 15인 요인회담도 열렸다. 남측 대표는 김구·김규식·조소앙·조완구·홍명희·김붕준·엄항섭이었고, 북측에서는 김일성·김두봉·최용건·박헌영·주영하·허헌·백남운 등이 참석하였다.

이 남북요인회담은 해방 뒤 좌우익과 중도파 인사들이 한자리에 모여 외국군을 철수시키고 통일민족국가를 수립하고자 하는 최초이자 최후의 모임이었다. 남북협상에 비판적인 이승만과 소련군에 연금상태인 조만식이 불참하기는 했으나, 15명의 요인으로 구성된 그야말로 남북의 지도자들이 한자리에 모이게 된 절호의 기회였다.

요인회담 중에 남측의 김구·김규식과 북측의 김일성·김원봉의
이른바 '4김회담'이 평양의 김두봉 자택에서 별도로 열려 단선·단
정반대, 외국군 철수 등에 합의했으나 남측은 미군정과 이승만의
반대로, 북측은 소련의 반대로 무산되고 말았다. 김구·김규식 등
은 5월 5일 서울로 돌아왔다.

경기도 광주에서 무투표 당선되다

김구·김규식이 불참을 선언한 남한의 5·10 총선거는 이승만의 독
무대였다. 친일 지주세력의 한민당은 단선을 지지하면서 이승만
과 손을 잡은 지 오래였다. 미군정도 단선을 지지하여 남한의 정
치정세는 총선이 대세를 이루었다.

1948년 3월 1일. 존 하지 사령관은 5월 10일 단독선거를 실시할
것을 공식 발표하고, 그 준비를 위해 전국의 경찰에게 특별훈련을
시키고 선거 반대자를 엄격히 통제할 것을 지시하였다. 그러기 위
해 '경찰선거위원회'가 구성되었고, 4월에는 경찰을 돕기 위한 '향
도단'이 조직되었다. 선거를 방해하는 자는 누구를 막론하고 "쏘
아 죽이라"라는 섬뜩한 공문이 돌려졌다.

3월 29일부터 4월 9일까지 유권자 등록이 실시되었다. 하지는
언론을 통해 선거에 반대하는 것은 '소련식 공산주의의 노예'를 자
청하는 일이라고 주장하면서 유권자 등록을 촉구했다. 미군정 산

하에 있는 과도입법회의에서 마련한 것을 미군정이 공포한 선거법에는 유권자가 투표용지에 선호하는 후보자의 성명을 쓰게 하여 다수 인구를 차지하던 문맹자들을 차별하였다. 또 선거권 박탈 대상자를 종전의 '민족반역자 및 간상배'로부터 '일본정부로부터 작위를 받은 자와 제국의회 의원이었던 자'로 대폭 축소하여 친일파의 국회진출을 용이하게 하였다.

마침내 5월 10일 남한에서만 총선거가 실시되었다. 200개 의석을 놓고 전국에서 948명의 후보가 입후보하여 평균 4.74 : 1의 경쟁률을 나타냈다. 1948년 3월 1일 현재 남한 총인구는 1,994만 7,000명. 유권자 총수는 983만 4,000명, 등록유권자는 783만 7,504명이었다. 선거과정은 준계엄령 상태와 같았다.

실제로 선거과정은 결코 평온하지 않았다. 미군정과 경찰의 공식기록에 따르더라도 무질서와 폭력이 난무했던 선거였다. 경무국은 선거 당일에만 51명의 경찰과 11명의 공무원이 피살되었다고 발표했다. 그리고 166곳의 선거관련 관공사와 대부분이 파출소로 구성된 301개 국가기관이 피습당했다. 선거 직전 5주 동안 무려 589명이 선거와 관련하여 목숨을 잃었고, 총 1만 명이 넘는 선거사범이 5·10 총선거와 관련하여 구속되었다고 추정된다. 그리고 4·3 항쟁이 진행 중이던 제주도에서는 세 개의 선거구 가운데 두 곳에서 선거를 치르지 못했다.[8]

8 전상인, 「이승만과 5.10 총선거」, 유영익 편, 『이승만연구』(연세대학교출판부, 2000), 472쪽.

남북협상파와 민족주의계열이 참여하지 않은 가운데 실시된 5·10 총선거는 71.6%의 투표율로, 당선자는 무소속 85명, 이승만의 독촉 55명, 한민당 29명, 대동청년단 2명, 기타 19명이었다. 무소속 가운데 한민당 계열임에도 당의 이미지 때문에 무소속으로 출마하여 당선된 사람이 많았다.

따라서 실제로 한민당 소속이 76석, 독촉계열이 61석으로 분류되었다. 결과론적으로 이승만과 한민당이 승리한 선거였다. 하지만 미소공위 미국 측 대표단의 벤저민 위임스가 인정했듯이 "선택할 후보자 명단 자체가 비대표적이었기 때문에 총선거 결과가 남한 주민의 의사를 정확히 반영한 것이라고 보기는 어렵다".[9]

신익희는 고향인 경기도 광주군에 후보등록을 마쳤다. 경쟁자가 없어서 무투표 당선이 예정되었다. 그래서 전국적으로 유능한 민족주의계열 후보를 찾아 지원유세를 하였다.

남과 북이 한데 뭉쳐서 통일정부를 세우자는 주장은 언뜻 듣기에는 그럴듯하다. 그러나 이루어질 가능성이 전혀 없는 공상이다. 호랑이에게 "네 가죽이 얼룩얼룩한 게 보기 좋으니 나에게 다오"라고 말한다고 호랑이가 제가 죽을 줄 알면서 응낙하겠는가? 하지 않을 것이다. 마찬가지 이치로 민주주의를 하자는 우리에게 공산독재를 하자는 그들이 합쳐지겠는가? 안 될 일이다.[10]

---

9 같은 책, 475쪽, 재인용.

헌법 등 법규기초위원선출 전형위원이 되어

1948년 5월 31일 역사적인 제헌국회가 개원되었다. 최고령자로서 이승만이 임시의장에 선출되고 부의장에는 신익희와 한민당의 김동원이 선출되었다.

개회식에서 이승만은 "이 회의를 대표하여 오늘날 대한민국이 다시 탄생되고 이 국회가 우리나라의 유일한 민족대표기관이 되었음을 세계만방에 공포한다"라고 언명하고, 수립되는 정부는 1919년 서울에서 조직된 한성임시정부의 법통을 이어받은 것이며 연호도 그때부터 기산할 것이라고 공언하였다.[11] 그는 여전히 자신을 탄핵한 임시정부보다 한성임시정부를 법통으로 내세웠다.

6월 1일 열린 국회에서 신익희는 법규기초위원 선출을 위한 10인 전형위원으로 선임되어 헌법 및 정부조직법 등 정부수립의 입법에 착수했다. 상하이에서 임시정부 약헌을 제정할 때로부터 30여 년 만에 정식정부의 헌법과 각종 법규를 제정하는 기초위원을 선정하면서 심경이 남달랐다. 전형위원들은 헌법 및 정부 조직법의 기초위원 30명을 선출했다.

헌법기초위원회는 신익희의 행정연구반에서 만든 초안과 유진오의 초안을 토대로 전문위원들의 심의를 거쳐 성안되었다. 국호 문제로 격론을 벌여 표결 결과 대한민국 17표, 고려공화국 7표, 조

....
10 신창현, 『해공 신익희』, 372쪽.
11 《서울신문》(1948년 5월 31일).

대한민국 헌법기초위원과 함께. 해공 선생은 앞줄 가운데(왼쪽에서 여섯 번째)에 있고 그 옆에 이승만 박사가 앉았다.

선공화국 2표, 한국 1표로 대한민국을 국호로 결정하였다.

이어서 대통령제와 내각책임제에 대한 논쟁이 치열하게 전개되었다. 당시 국회의원들은 대부분 민주적 정치제도는 마땅히 내각책임제여야 한다는 견해를 갖고 있었다. 헌법기초위원회가 전문위원으로 위촉한 유진오와 행정연구반에서 공동기초한 유진오안을 원안으로 하고 과도정부 법전편찬위원회가 수정한 권승렬안을 참고안으로 하여 내각책임제를 권력구조로 하는 헌법초안이 마련되었다. 원내 주류파인 한민당의 속셈은 대통령에 이승만·국무총리에 김성수를 염두에 두고 내각책임제 헌법을 지지하고 있었다.

이승만의 권력야망은 내각책임제의 국가수반에 만족하려 하지 않았다. 1919년 한성임시정부의 집정관총재와 상하이 임시정부의 국무총리를 굳이 대통령으로 자칭하면서 활동해온 그에게 내각책임제의 대통령 직위는 성이 차지 않았던 것이다. 명실상부한 권력, 실권이 요구되었다.

이승만은 6월 21일 두 번째로 헌법기초위원회에 나타나 격한 어조로 내각책임제를 반대함과 동시에 대통령책임제를 역설한 뒤 "만일 이 기초안이 국회에서 그대로 통과되면 그런 헌법 아래서는 어떠한 직위도 맡지 않고 민간에 남아 국민운동하겠다"라고 언명, 장내를 아연케 하였다. 심지어 자신의 의사가 관철되지 않으면 한국을 떠나 미국으로 가겠다는 언사까지 사양치 않는 이승만의 강경자세에 보다 민감한 반응을 보인 것은 헌법기초위원회가 아니고 한민당 간부진이었다.[12]

이승만의 독선은 끝내 내각책임제 헌법안을 대통령중심제로 바꾸도록 만들었다. 헌법기초위원들의 합의에서가 아니라 위협과 강요에 의한 변개였다. 이 같은 곡절 끝에 헌법과 정부조직법이 제정되었다. 7월 26일 국회는 신익희 부의장의 사회로 무기명투표로 대통령선거를 실시하였다. 이승만 180표, 김구 13표, 안재홍 2표, 무효 1표였다. 서재필은 외국국적으로 무효표로 처리되었고 초대 대통령에 이승만이 당선되었다. 부통령선거에는 이시영 133표, 김구 6표, 이구수 1표, 무효 1표로 이시영이 당선되었다.

신익희는 이승만이 대통령에 선출되자 그를 찾아가 당선을 축하하면서 그동안 지켜보고 느꼈던 바를 간곡히 진언하였다.

우남장雩南丈! 우리가 40여 년 농안 영토도 국민도 없이 해외로 돌

---

12 《서울신문》(1948년 6월 22일).

아다니며 독립운동이라고 하다가 이제 정부와 영토와 국민이 있는 버젓한 주권 국가의 공복公僕이 되니, 감개무량합니다. 우남장은 과거 몇 사람 되지 않는 사회에서 백 가지로 친재親裁통찰하셨으나, 이젠 3천만이나 되는 국민이 있으니, 여러 능력 있는 사람과 힘을 모아야겠습니다. 대사의 기틀만 다지시고 일부 유능한 장관들만 총괄하시어 소사小事와 세사細事는 아랫사람에게 일임하셔야 합니다. 연만하신 처지로 사람의 능력은 유한한데, 전에 상하이나 미주美洲에 계실 때처럼 혼자 하셔서는 안 됩니다.

잠자코 해공의 말에 귀를 기울이던 이승만 박사의 안면에 가벼운 경련이 일었다. "아니 됩니다. 해공! 이 다사다난한 때 대통령이 된 내가 모든 일을 몰라서는 안 됩니다. 지금 참으로 믿을 수 있는 사람 적습니다. 해공의 말같이 하면 국가의 앞날이 어찌될지 알 수 없습니다."

우남의 말을 듣고 국회의장실을 나오며 해공은 우울한 빛을 감출 수 없었다. 국회 또한 정상적 운영이 어려울 것으로 예감되었다.

(앞날이 염려되는구나. 개인의 독선이 판을 치게 되면, 민주주의는 끝나게 될 텐데. 부디 저 양반의 독선이 살아나지 않기를 바랄 수밖에 없구나!)[13]

---

13 유치송, 『해공 신익희 일대기』, 495~496쪽.

국회의장에 선출되다

제헌국회는 5·10 총선을 통해 300명 정원 중 제주 4·3 항쟁으로 2
석, 북한의 불참으로 100석이 남겨진 채 198명의 의원으로 출범하
였다. 당선자 중 최연장자인 이승만이 임시의장으로 사회봉을 잡
았다가 의장선거에서 다시 선출되고, 대통령으로 당선되면서 국
회는 8월 4일 새 의장단을 뽑았다.

국회의장 선거에서 신익희는 재석 176인 중 103표를 얻어 56표
를 얻은 김동원을 크게 눌렀다. 부의장은 결선투표까지 이어져 김
약수가 87표, 김준연이 74표를 얻어 의장단이 구성되었다. 신익희
는 언론인 출신 유광열을 비서실장으로 하여 족친 신창현과 유치
송으로 비서진을 짰다.

신익희는 25세이던 1919년 임시의정원 의원으로 임시정부의
헌법 제정을 주도한 이래 31년 만에 56세로 '임시'가 빠진 대한민

1948년 제헌국회에서 의장 당선 60일 만에 이승만이 대통령에 당선되자 다시 의장을 선출, 신익희 의장이 당선되어 취임사를 하고 있다.

국 입법부의 수장이 되었다. 감회와 결의가 담긴, 그러나 겸양의 취임사를 하였다.

이 불초 무능한 사람을 의원 동인 여러분께서는 버리시지 않고 의장으로 선거하신 데에 대해서 무한한 감사를 드리며, 한편으로 한량없이 송구한 생각을 갖습니다.

우리 국회가 성립된 이래로 다 같이 크게 어려운 짐을 같이 지고 오늘날까지 같이 투쟁해 내려오는 것입니다. 우선 중요한 몇 가지 일을 우리로서 다 같이 지내 내려왔지만, 앞으로는 모든 가지의 큰 점도 여간 많지가 않을 처지입니다. 이와 같이 우리 국회로서 전 임무가 큰 가운데에 더욱이 의장이라는 책임을 지워주신, 큰 짐을 진

여러분 가운데에도 좀 더 큰 짐을 지워주신 이 점에 대해서는 앞길을 전망하면서 착오나 혹은 은월闉跅이 없을까 하는 것을 생각해볼 때에 비상히 송구하다는 말씀입니다.

그러나 오늘날 우리의 일은 한 사람 두 사람 개인의 노력으로 되는 일이 아니고, 우리 전체가 다 같이 공동하게 노력하는 데에서만 우리 일은 성취되는 것입니다. 이것은 지나간 시대와 이 시대가 다르다는 것을 말씀하는 것인 줄 압니다.

이런 점에 우리 의원 동인 동지 여러분께서는 변함없이 같이 노력을 하시며, 다 같이 노력을 하시며, 다 같이 분투하시는 가운데에, 여러분 뒤를 따를 때도 있을 것이고, 여러분 앞에 있을 때도 있을 것이고, 여러분 옆에 있을 때도 있을 것이고, 여러분과 같이 사명을 달성하고 임무를 수행하려고 합니다. 간단한 몇 마디 말씀으로 인사를 드리는 바입니다.[1]

그는 현실론을 들어 5·10 총선에 참여하고 국회의장이 되었으나, 남북총선거를 주창하며 분단정부에 불참한 임시정부의 김구 주석과 김규식 부주석이 마음 한구석을 짓눌렀다. 이승만 대통령이 조각을 준비 중인 이화장으로 찾아갔다.

"우남장! 김구 주석과 김규식 박사와 함께 건국의 기초를 마련함이 대의명분이 아니겠습니까?" 이 박사는 못마땅한 표정으로 답변했다.

---

1 『제헌국회 속기록』(1948년 8월 4일).

"해공! 정치의 세계란 냉정한 것이오. 그 사람들이 정작 나와 함께 일을 한다면 좋으나, 그 뜻이 다른데 어떻게 될지 해공은 몰라서 하는 말입네까?"

이 박사는 끝내 반목을 풀지 않았다. 더 이야기해보았자, 진전이 없음을 느낀 신익희 국회의장은 실현가능한 문제를 제의했다.

"우리 정부가 언제까지 남한에만 머물러야 되겠습니까? 삼천만이 한 민족 한 동포요, 삼천리금수강산이 다 한 덩어리인데, 이북까지도 고려해야 하지 않겠습니까? 통일의 그날에 대비하여 이북 각 도에 5도청을 두고 지방관을 임명해야 합니다. 국민들에게 통일의 의지를 보여줘야 합니다."

이 박사는 그의 제안을 즉석에서 쾌히 승낙하고, 그 인선을 부탁하였다.[2]

이승만은 첫 조각 과정에서부터 독선적이었다. 거국적인 내각을 구성하기보다 측근을 중용하였다. 부통령 이시영과 국회의장 신익희의 조언도 수용하려 들지 않았다. 국무총리 후보에 무명의 이윤영을 지명했으나 국회에서 비토되자, 국회 무소속 의원들이 중심이 되어 국회의원 100여 명의 서명을 받아 국무총리에 조소앙을 천거하였다.

신익희도 이에 동참하였다. 상하이 임시정부가 출범할 때 3인 기초위원으로서 헌법과 각종 법규를 제정하면, 이후 그는 「건국강

2   유치송, 『해공 신익희 일대기』, 500~501쪽.

령」기초 등 독립운동에 큰 역할을 했다. 정부수립 과정에서는 김구·김규식과 노선을 함께하였다. 그러나 이승만은 그를 거부하고 이범석을 초대국무총리 겸 국방장관에 임명했다.

이승만이 유력한 국무총리 후보 물망에 올랐던 조소앙·김성수·신익희를 배제하고 이윤영을 지명했다가 국회에서 비토되고, 이어서 이범석을 지명한 과정을, 당시 한국 총선거와 정부수립에 관여하였던 '유엔조선위원단'은 「유엔조선위원단 보고서」에서 다음과 같이 기술하였다.

내각 조직에 있어 이 박사의 의견과 국회의 그것과는 상당한 거리가 있었다. 국회의원들은 국무총리후보 인물의 선택에 관하여 각종 각색의 의견을 가지고 있었다.

이와 같은 정세에 비추어 이 대통령은 국회에 대하여 한국독립당의 부위원장이며 선거에 반대하였던 조소앙 씨, 한국민주당 당수인 김성수 씨, 전 망명임시정부의 국무위원이었던 신익희 씨와 같은 정계 거물들을 국무총리직에 임명하지 않는 이유를 선명히 하였다.

이리하여 대통령이 국무총리로서 이전에 북조선에 거주하였으며 1945년 평양에 조직된 조선민주당 부당수이고 현재 국회의원인 이윤영李允榮 씨를 지명하자, 국회의원들은 헌법상의 특권을 행사하여 132대 59의 표결로 이것을 거부하였다.

다음 민족청년단 단장인 이범석李範奭 씨에 대한 대통령의 지명이 국회에서 110대 84로서 확인되기는 하였으나 거부의 차가 26표에 지나지 않았다는 것은 대통령의 행위가 국회의 비판을 받았다는 것을 대통령에게 알려주는 것으로 해석되었다.[3]

반민특위법 의결 후 암살 대상자 명단에 오르다

국치 40여 년 만에 새로 세운 나라여서 할 일이 산더미 같았다. 그 중 시급한 과제의 하나는 나라를 왜적에 팔고 독립운동을 탄압한 매국노·친일도배들을 청산하는 일이었다. 미군정기 입법의원에 서 관련 법률안이 마련되었으나 미군정이 공포를 거부하면서, 제 헌국회의 몫이 되었다. 신익희도 입법의원 시절부터 추구했던 사 안이었다.

국회의장 신익희는 1948년 9월 7일 국권침탈기에 일제에 협력 하여 민족반역 행위를 했던 친일분자들을 처벌하기 위해 특별기 초위원회가 마련한 전문 32조의 '반민족행위처벌법'을 의결, 선포 했다. 헌법 제101조에 의거한 특별법의 제정이었다.

이에 따라 반민족행위특별조사위원회(반민특위)가 구성되었고, 국회는 독립운동가 출신 김상덕 의원을 위원장으로 선출한 데 이 어 특별재판부·특별검찰부·사무국 등을 구성하고, 각 시·도에 지 부를 설치하였다. 반민특위는 1949년 1월 8일부터 화신재벌 박홍 식에 대한 검거를 시작으로 활동에 들어갔다.

----

3   임명삼 번역, 『유엔조선위원단보고서』(돌베개, 1984), 162쪽.

반민특위는 최린·이종형·이승우·노덕술·박종양·김연수·문명기·최남선·이광수·배정자 등을 체포하면서 본격적인 활동을 시작했다. 이승만 대통령은 자신의 지지세력, 특히 친일경찰 출신의 경찰간부들이 구속되면서 정치적 위기에 내몰렸다. 친일경찰 출신 간부들은 반민특위 주도자의 암살과 반민특위 해체 음모를 꾸몄다. 암살 대상자에는 신익희도 포함되었다.

친일경찰은 구체적인 실행방법으로 먼저 특별검찰관 노일환과 김웅진, 특별재판관 김장렬 등을 납치하여 감금 후, 강제로 "나는 38 이남에서 국회의원 노릇을 하는 것보다 이북에 가서 살기를 원한다"라는 취지의 성명서 3통을 자필로 쓰게 하여, 이 성명서를 대통령, 국회, 각 신문사에 보내서 발표하고 38선으로 가는 도중에 납치한 국회의원을 죽여 애국청년이 공산주의자를 살해한 듯이 가장하는 계획이었다.

이들 외에 암살대상에 지목된 인물은 특위 위원장 김상덕, 부위원장 김상돈, 특별검찰관장 권승렬, 특별검찰관 곽상훈, 서용길, 서성달, 특별재판부장 김병로, 특별재판관 오택관, 최국현, 홍순옥 등 반민특위의 핵심 관계자와 국회의장 신익희, 국회의원 이청천도 포함되어 있었다.[4]

신익희는 빈민자의 서벌과 관련하여 비교적 온건한 편이었다.

---

4   허종, 『반민특위의 조직과 활동』(선인, 2003), 338쪽.

수차례에 걸쳐 죄상이 큰 악질 친일파를 처벌하고 이른바 생계형은 용서하여 새 나라 건설에 참여토록 하자고 역설해왔다. 그럼에도 친일경찰은 그를 암살대상자로 삼은 것이다. 그의 존재 자체가 두려웠던 것이다.

반민자 공판이 진행되고 있을 때 친일세력은 3·1 혁명의 성지 탑골공원과 반민특위본부에까지 몰려와서 특위의 해체를 주장하고 반민특위를 빨갱이 집단이라고 외치며 시위를 벌였다. 심지어 6월 2일에는 친일세력의 사주를 받은 유령단체들이 국회 앞에 몰려와 특위요원들을 온갖 욕설로 헐뜯고 체포된 반민자들의 석방을 요구하기에 이르렀다.

반민특위는 6월 3일 시위자들이 특위본부를 습격한다는 정보를 듣고 경찰에 경비를 의뢰했지만 경찰은 이를 외면하였다. 경찰의 방치 속에서 동원된 시위대는 특위본부를 포위하고 사무실까지 습격할 기세를 보였다. 특위소속 특경대원들이 공포탄을 쏘면서 시위대를 해산시키려 하자 그제야 경찰이 나타났다.

특위의 특경대는 친일경찰 출신인 시경 사찰과장 최운하가 6·3 반민특위활동 저지 시위의 주동자라는 사실을 밝혀내고 그를 구속한 데 이어 선동자 20여 명을 연행하였다.

최운하가 구속되자 각 경찰서의 사찰경찰 150여 명이 집단 사표를 내는 소동을 벌였다. 국회프락치사건으로 반민특위가 크게 위축된 상태에서 사찰경찰의 집단사퇴가 이루어진 것이다. 특위활동을 제약시키고 이에 대항하려는 친일경찰의 조직적인 책략이었다.

서울시경 산하 전사법경찰이 반민특위 특경대해산 등을 요구하며 집단 사직서를 내놓고 있을 때인 6월 5일, 중부서장 윤기병, 종로서장 윤명운, 치안국 보안과장 이계무 등은 "실력으로 반민특위 특경대를 해산하자"라는 데 뜻을 모으고 음모를 꾸몄다. 이들은 시경국장 김태선에게 자신들의 음모를 전하고 내무차관 장경근의 지지를 얻어냈다. 장경근은 "앞으로 발생할 모든 사태에 대한 책임은 내가 질 테니 특경대를 무장 해제시켜라, 웃어른께서도 말씀이 계셨다"라고 이승만의 사전 양해가 있었음을 암시하였다.

6월 6일 심야에 내무차관 장경근의 지지와 '웃어른'의 양해를 받은 이들은 반민특위를 습격하기 위한 구체적인 작전계획을 짰다. 행동책임자는 반민특위의 관할서장인 중부서장 윤기병이 맡기로 하였다. 윤기병은 새벽 일찍 중부경찰서 뒷마당에 전서원을 비상소집하여 차출한 서원 40명을 2대의 스리쿼터에 태워 중구 남대문로의 특위본부로 출동시켰다.

윤기병이 직접 지휘한 습격대는 특위본부 뒷골목(현 한전빌딩)에 도착하여 20명은 주변경계에, 나머지 반은 정문과 비상구 및 각층 사무실에 배치되었다. 윤기병은 장탄한 권총을 꺼내들고 출근하는 특위직원들을 모조리 붙잡아 스리쿼터 차량에 신도록 명령하였다.

경찰이 반민특위를 습격한 것은, 이승만이 직접 김상덕 위원장이 거처하는 특위관사를 두 차례나 찾아와 악질 친일경찰 출신인 노덕술 등의 석방을 요구했으나 듣지 않자 공권력을 동원하기에 이른 것이다.

경찰의 반민특위 습격사건은 국회로 비화되어 이날 오후 열린 제13차 본회의에서 격론이 벌어졌다. 신익희는 국회내무치안위원장 라용균 의원을 경무대(현 청와대)로 보내 이승만을 만나 사실을 청취케 하였다. 라용균은 "특경대 무장해제는 국무회의를 거치지 않고 대통령이 친히 명령한 것"이라는 이승만의 전언을 공개했다.

신익희의 사회로 진행한 국회 본회의는 다음 날 내각총사퇴와 압수한 반민특위의 무기와 문서의 원상회복, 내무차관과 치안국장의 파면을 요구하는 결의안을 상정하여, 찬성 89, 반대 59로 통과시켜서 분노의 일단을 표시하고, 정치적인 수습 방안을 모색하였다. 협상결과 특위가 구속한 최운하·조응선 등 친일경찰과 연행된 특경대원들을 교환, 석방키로 하였다. 석방된 특경대원 중 부상자 22명은 적십자병원에 입원시켰다.

이런 와중에 제2차 국회프락치사건이 발생하여 독립운동가 출신 국회부의장 김약수와 반민법 제정에 앞장섰던 노일환 의원 등이 체포됨으로써 특위활동이 위축될 대로 위축되었다. 때를 놓치지 않고 반민법 공소시효를 단축하자는 곽상훈 의원이 발의한 개정안이 국회에 제안되었다.

반민특위는 해방된 국민의 열화와 같은 성원과 기대를 모으며 1949년 1월 8일부터 활동을 개시하여 6·6 사태 전날까지 그 나름대로 역할을 하고자 노력하였다. 그러나 권력을 쥔 이승만과 이에 기생하는 친일세력의 조직적인 도발을 막는 데는 역부족이었다. 그리하여 두 차례의 조작된 국회프락치사건, 반민특위의 정신적 구심인 김구 암살사건 등 정치적 위협과 "반민특위는 빨갱이"라는 친일세력의 도발을 견디지 못하고, 공소시효 기간이 단축되는 등

반신불수의 상태를 겪은 끝에 당초의 목적을 이루지 못한 채 좌초되었다. 신익희는 입법부의 수장으로서 이 같은 참담한 사태에 분노를 가누기 어려웠다.

민주국민당 위원장에 피선되고

신익희는 정부 출범 초기부터 이승만의 오만과 독선·독주, 특히 인사의 전횡과 반민특위에 대한 적대행위를 지켜보면서, 이를 견제하고 민주공화제의 발전을 위해서는 강력한 견제세력이 필요하다는 것을 절감하였다. 1948년 11월 지청천·배은희 등과 대한국민당을 결성하게 된 배경이다.

해가 바뀐 1949년 2월 대한국민당은 김성수가 주도한 한국민주당(한민당)과 합당하여 민주국민당(민국당)을 창당, 신익희·지청천·백남훈·김성수 4인을 최고위원으로 선출하고 신익희가 위원장을 맡았다.

제헌국회에서 초대 대통령으로 선출된 이승만의 첫 조각에서 한민당은 국무총리와 내각의 과반수를 요구하였으나, 이승만은 한민당 소속인 김도연만을 재무장관에 임명함으로써 이 요구를 받아들이지 않았다.

이에 불만을 품고 있던 한민당은 우선 원내에서 당 소장파와의 대립으로 그 인기가 저하되어감에 따라 이를 회복하기 위해 과거

한독당 소속이었던 대한국민회의 신익희 세력과 대동 청년단의 지청천 세력을 규합하여 1949년 2월 10일 한민당을 해체하고 민주국민당(약칭 민국당)으로 개편하였다.

그리하여 한민당의 후신이 된 민국당은 원내에 70석을 가진 우리나라 정당사상 최초의 야당이 되었다.[5]

해방 후 한국정당사에 큰 획을 긋는, 정통민주정당의 주춧돌을 놓는 사람이 신익희였다. 민국당은 친일세력인 한민당과의 통합으로 '정통민주정당'으로 보기는 어렵지만, 이후 1955년에 그가 민국당과 호헌동지회를 발판으로 정통민주정당인 민주당을 창당했으므로 민국당은 일종의 과도기에 속한다고 할 것이다. 그 과정을 살펴본다.

제헌국회에 상당수 의원을 당선시킨 한민당은 애초에 내각책임제 헌법안을 마련했으나 이승만의 반대로 대통령제 헌법으로 바뀌고, 조각에서도 배제됨으로써 이승만과 갈등관계를 갖게 되었다. 한민당은 친일협력의 전과를 덮고 기득권을 유지하기 위해 권력분산과 참여를 전제로 하는 내각제를 추진하다가 좌절되고 입각도 거부당하면서 '이승만 비판노선'으로 급선회하게 되었다.

신익희는 1949년 2월 대동청년단의 지청천 세력과 한민당 세력을 규합하여 새로이 민주국민당(민국당)을 창당하였다. 학계 일각

---

5 한정일, 「야당으로의 정비, 민국당」, 『한국의 정당』(한국일보사, 1987), 203쪽.

에서 한민당을 '한국야당의 모태'라고 부르지만 엄격한 의미에서 한민당은 여당이라고도 야당이라고도 규정하기 어려운 '양성兩性 정당'의 성격이 강했다. 제헌국회에서 이승만을 대통령에 선출한 여당이면서, 집권 후 초대내각의 구성에서 소외되면서는 야당이 되었다. 그리고 구성분자들도 한민족의 정통세력과는 거리가 있었다.

민주국민당(민국당)은 한국민주당에서 '민주'라는 글자를, 대한국민당에서 '국민'이라는 글자를 따서 1949년 2월 10일 창당한 최초의 야당이 되었다.

민국당은 내각책임제 개헌을 추진했다. 내각제 개헌안은 1950년 3월 14일 무소속 일부와 협력하여 국회에서 표결에 붙였으나 부결되고 말았다.

민국당은 창당 과정에서 신익희·김성수·백남훈·지대순을 4인 최고위원으로 선출하여 합의제로 운영하다가 얼마 후 능률적인 당운영의 명분으로 위원장제도로 바꾸었다. 위원장에는 신익희, 부위원장에 김도연·이영준이 선출되고, 고문에 백남훈·서상일·조병옥이 각각 위촉되었다. 신익희는 한국야당사상 최초로 전당대회에서 위원장에 선출되었다. 한국 야당사의 첫 당대표가 된 것이다.

민국당은 이승만정부에 대한 반감이 대단하여 강령에서 "특수계급의 독재를 부인하고 만민평등의 민주정치 실현을 기함"이나 "경제적 기회균등을 원칙으로 자주경제의 수립을 기함"이라는 내용을 담아 이승만정부의 보수노선에 대립각을 세웠다.

민국당이 당세를 확장하고 내각제 개헌을 추진하는 등 정부를 압박하자 이승만은 자신의 권력기반을 유지하기 위해 한국 정당 사상 최초의 여당인 자유당을 결성하여 민국당과 맞섰다. 이로써 한국 정당사상 최초로 여야 양대 정당체제가 자리 잡게 되었다.

민국당은 이승만정권의 탄압을 받으며 2대 국회의원 선거에서는 70석을 획득했으나, 3대 국회에서는 정부여당의 극심한 관권·부정선거로 당선자를 15명밖에 내지 못하고 참패하였다.

청렴한 공사 생활, 국가에 공관을 헌납하다

신익희는 환국 직후 임시정부 환국 환영준비위원회가 마련한 한미호텔의 방 하나를 배정받아 지냈다. 이곳에는 조소앙·김원봉·유림·조완구·성주식·조경환·조완구·김성숙 등 임정요인들도 함께하였다. 그러던 중 임시정부 내무부에서 차용한 종로 6가에 있는 낙산장에 정치공작대 사무실이 들어서면서 이곳으로 이사하였다. 임시정부 의정원의원을 역임한 조성환도 환국하여 국내에 남아 있던 부인과 함께 여기서 거처하였다.

정치공작대가 해체되고서는 낙산장을 떠나 묘동의 장씨가張氏家에서 전세를 살았다. 그즈음 경기도청 미국인 고문관이던 앤더슨이 귀국 인사차 신익희를 방문했다가 독립운동 투사의 거처가 너무 협소한 것을 보고 자기가 사용했던 적산가옥인 삼청동 집을 신익희에게 불하권을 인계하고 입주를 권해왔다. 이에 따라 1947년 4월부터 현 국무총리 공관인 삼청동 집에서 살게 되었다.

1년여 뒤 국회의장에 취임하면서 이 집을 국회의장 공관으로 사용하였다. 남들은 권력을 잡으면 없던 재산도 만드는 판에 외국인이 넘겨준 집을 의장공관으로 삼고 명의를 국가에 넘긴 것이다.

"내가 해외에서 망명생활을 할 때에는 살아서 고국에 돌아가기조차 기약할 수 없는 극한상황의 연속이었소. 설사 생명이 보존되어 환국하게 되더라도 이렇게 큰 집에서 살리라고는 꿈도 꿔본 적이 없어요. 생활이 조금 나아졌다 하더라도 예전의 고생을 다 잊고 호사한 생활에 빠져서야 되겠소."

부인이 오랜 셋방 생활에서 풀려나 모처럼 내 집이다 싶었는데, 남편의 '국가헌납'에 "우리가 따로 집이 있다면 몰라도 일정한 거처도 없는 터에 어쩌려고 이러십니까? 의장직에서 물러나면 당장 어디로 가실려고요?" 따져 물었다.

남편은 단호했다. "독립운동가가 무슨 집이 필요하겠소. 거적이라도 깔고 우리 둘이 자면 그 당장 추위를 막을 테고, 임자가 먹을 갈아 내가 글 쓰며 여유 갖고 살면 되었지 뭘 더 바라겠소."[6]

실제로 신익희는 초대 1·2기, 2대 1·2기 국회의장을 역임한 뒤 삼청동 공관을 나와 효자동에서 사글세를 살았다. 1956년 민주당 대통령후보로 호남선 열차에서 숨질 때까지 사글세 신세를 면치 못했다. 그가 서거 당시에 살았던 종로구 효자동 164-2 고택(대지

6   유치송, 『해공 신익희 일대기』, 510쪽, 발췌.

73평, 건평 35평 한옥)은 해공 신익희 기념사업회가 2003년 3월 모금, 국가보훈처와 종로구청의 보조금으로 매입하여, 현재 서울특별시의 지정문화재(제23호)로 지정되었다.

대단히 강직했던 그는 공사생활에 매우 청렴결백했다. 찾아오는 공무원들에게 '염생위廉生威' 세 글자를 써 주거나 당부하였다. 바르고 곧은 관리가 되라는 뜻이었다.

우리는 지금 건국 초창기에 더욱이 민주주의 국가로 발족하여 국가 공무원은 국민의 공복이라는 위치에 있으면서 정부 재정을 범포 내기를 식은 죽 먹듯 하고 관계 업자로부터 뇌물 받기를 항다반사恒茶飯事로 하는 탐관과 오리가 낮바대기에 강철판을 뒤집어쓰고 횡행 천하하니 이 어찌 한심한 일이 아니겠느냐 말이오.

관리로서 청렴하지 못하면 일반 국민으로부터 도적놈이라는 지목을 받게 되고 면대해서는 직접 말하지 않지만 되돌아서서는 더럽다고 꾸짖고 나무랄 것이니, 얼마나 수치스러운 일이겠는가. 맑고 깨끗하면 여러 국민으로부터 진심으로 우러나오는 존경을 받게 되고 칭송하는 말이 자자할 것이고 보면, 본인도 어깨를 넓게 펴고 얼굴을 번쩍 들고 다닐 수 있지 않겠소? 그리하여 자연히 위엄이 생기게 되지요. 이것을 일러 청렴하면 자연히 위엄이 생긴다는 '염생위廉生威'라는 것이라오.

그러니 국가 공무원 특히 신생 민주 국가 초창기의 공무원으로서 청렴결백을 마음에 새겨서 잊지 않아야 합니다. 이 점을 명심해서 임지에 가거든 일 잘해주시오.[7]

백범 김구 암살 비보에 추도사를 쓰다

정부수립 초기에 국회의장의 역할에는 일이 많았다. 폭주하는 이승만 행정부를 견제하고 아직 운영과 질서가 잡히지 않은 입법부를 바로 세워야 했다. 이승만 정부의 반민특위 해체와 김약수 국회부의장을 비롯하여 반민법 제정에 앞장섰던 노일환 의원 등 현역의원 13명이 두 차례에 걸쳐 이른바 국회프락치사건으로 구속되었다. 그런 와중에 백범 김구가 현역 육군소위 안두희에게 암살당하는 참극이 벌어졌다.

이승만의 수하에는 일제에 충성을 다하다가 일제 패망으로 한때 숨죽이고 있던 자들이 많았고 그가 집권하면서 그들이 다시 요직을 차지하게 되었다. 그들은 하나같이 이승만의 충복으로 충

---

7 신창현, 『해공 신익희』, 375쪽.

성파로 불리면서 김구에는 적의를 품고 있었다. 그 충복들의 수뇌가 거개 88 구락부의 멤버들인데, 이들은 조선총독부 시절과 미군정 시기에 거느렸던 막강한 인맥·조직·정보·자금을 보유하고 있었다.

비밀조직 88 구락부는 국방장관 신성모, 육군참모총장 채병덕, 포병사령관 장은산, 특무대장 김창룡, 서울시경국장 김태선, 정치 브로커 김지웅이 핵심이고 여기에 헌병사령관 전봉덕, 친일경찰 노덕술·최운하 그리고 서북청년단과 그 출신으로서 하수인에 낙점된 안두희도 있었다. 안두희는 주한미군 CIC 정보원으로 활동하다 정식요원이 된 인물이다.

이승만의 주위에는 주로 이런 인물들이 포진하고, 이들은 주군主君의 심기와 심중을 귀신같이 꿰면서 먹잇감을 찾았다. 당시 이승만의 심기를 가장 불편하게 만든 것은 반민특위였다. 헌법 규정에 따라 특별법이 제정되고 특위가 구성되어, 정부와 군경에 똬리를 튼 자신의 수족들이 하나씩 체포되자 이승만은 정치적 위기감을 느끼게 되었다. 하지만 이승만은 산전수전을 다 겪은 노회한 책략가였다. 또 국민의 시선도 고려하지 않을 수 없었다.

그래서 경찰, 헌병대 등 공안팀을 동원하여 먼저 국회의 진보적 민족주의 인물들을 쳐내는 작업을 시작했다. 이것이 이른바 '국회 프락치사건'이다. 1949년 5월부터 현역의원 13명을 "북한 공산집단의 프락치로서 국회에 잠입하여 간첩활동을 했다"라는 혐의로 체포했다. 국회의원들이 불안과 공포에 떨고 있을 때 6월 6일에는 경찰을 동원하여 활동 중인 반민특위를 짓밟고 요원들을 체포한 것이다.

그리고 6월 26일에 백범이 암살되었다. 암살사건 후 제2차 국회의원 구속사건이 벌어졌다. 정권 수뇌부는 1차 국회프락치사건 → 반민특위 해체 → 김구 암살 → 2차 국회프락치사건으로 이어지는 정교한 시나리오를 준비하고 있었다. 지극히 잘 짜인 각본이었다.

신익희는 환국 후 백범과는 비록 노선·정견의 차이로 갈라서기는 했지만 망명기 간난신고艱難辛苦를 함께하면서 그의 애국정신을 깊이 흠모하였다. 비보에 접하여 국회의장으로서 추도사를 발표하였다.

백범白凡 선생의 흉변을 비로소 듣고 무어라 형용 못 할 경악과 비통과 애도를 금할 수 없는 일이다.

백범 선생은 청년 시대부터 우리 국가 독립을 위해 꾸준히 노력해 오던 터이며, 조국광복운동의 선두였던 터이다. 나와의 관계도 30여 년을 하루같이 독립운동에 종사해 내려왔을뿐더러, 더욱이 상하이 임시정부 시대부터 때론 동사同事의 형편으로 때로는 동료의 형편으로 동지 중에는 남과 다른 허여許與와 신뢰로써 지내 내려오던 나로서는 무어라 얘기할 수 없으나, 임정이 환국한 이래로도 견해와 주장에 약간의 차이가 있었지만, 우리나라의 독립과 민족의 자유를 위해 노년의 선생이 노방익왕老尨益旺 격으로 노력해온 것은 동포들이 다 아는 사실이라 믿는다. 국내 국제적으로 급업한 부면에 처한 우리로서 독립운동에 노전사老戰士요, 우리 건국 대업에 지

도자의 한 사람인 백범 선생을 상실하게 된 것은 국가민족의 대손실이고 대불행사이다.[1]

6·25 전쟁 중 피난 수도에서 의장에 재선되다

국정은 크게 혼미상태에 빠져 있었다. 육군 300여 명이 1949년 5월 4일 38선을 넘어 월북하고, 미 국무성이 주한미군을 6월 말까지 철수한다고 발표하였다. 1950년 1월 28일 한민당의원 28명이 내각제 개헌안을 국회에 제출하고, 국회는 이승만 계열 의원들과 야당의원들의 난투극 속에서 이를 부결시켰다(3월 13일). 이런 와중에 미 하원은 대한원조액 6천만 달러를 전액 삭감키로 했다.

신익희는 3월 중순 국회방미사절단장으로 워싱턴을 방문하여 정계지도자들을 만나 하원에서 삭감한 대한원조액 전액을 회복시키고, 뉴욕의 유엔본부를 방문하여 델레스 주유엔대사 등을 만나 북한군의 남침 가능성을 강조하였다.

제헌국회의원의 임기는 2년이어서 1950년 5월 30일 제2대 국회의원선거가 실시되었다. 신익희는 광주군에서 압도적으로 재선되었다. 제2대 총선에서는 집권세력과 한민당 출신 유력자들이 대거 몰락하고 남북협상 등 중도파가 다수 당선되는 여러 가지 변화가 있었다.

<hr>

1 유치송, 『해공 신익희 일대기』, 546쪽.

1950년 5월 30일에 치러진 국회의원 선거는 5·10 선거에 불참했던 중도파 민족주의자들이 대거 출마하여 비상한 관심을 모았다. 보수·진보의 보혁대결 구도를 이루며 중도파 민족주의자들이 바람을 일으키자, 이승만 정권은 그들을 투옥하는 등 온갖 방법을 동원해 탄압했다. 그럼에도 서울에서는 조소앙이 조병옥을 누르고 전국 최다득표로 당선되었고, 무소속이 과반수를 넘는 126석을 차지했다. 한민당을 계승한 민국당은 참패했다. 제2대 국회는 문을 연 지 얼마 되지 않아 전쟁이 발발해 중도파 정치인들이 납북되는 등 어려움을 겪었지만, 전쟁 중 피해대중의 입장에서 그들을 대변하는 역할을 많이 했다.[2]

제2대 총선 후 두 달도 안 되어 벌어진 6·25 전쟁만 아니었으면 한국의 정치는 민주와 진보의 방향으로 크게 발전하고, 이승만의 전횡은 많이 제지되었을 것이다. 전체 210석 가운데 무소속에서 126명이 당선됨으로써 정파성이 크게 희석되었다. 이런 정계의 격랑 속에서 신익희는 의정의 중심축이 되었다.

6·25 직전 북한은 기동훈련의 명분으로 군을 38선 인근으로 집결시키고 있었다. 그런데도 국방당국은 근거 없는 '태평가'에 취해 몽롱한 상태에 빠져 있었다. 여기에 대통령과 국방장관 등 군통수권자들의 무능·무책임으로 북한군은 손쉽게 남한의 대부분을 점령할 수 있었다.

---

2   서중석, 『대한민국 선거이야기』(역사비평사, 2008), 55쪽.

6·25 전쟁은 몇 가지 국내외적 요인이 겹쳐 일어나게 되었다. 국외적 요인으로는 ① 1949년 10월 중국대륙이 공산화되고, ② 1949년 8월 주한미군이 500명의 고문단을 남긴 채 철수했으며, ③ 1950년 1월 미 국무장관 애치슨이 미국의 극동방어선에서 한국을 제외시켰고, ④ 1949년 12월 김일성이 모스크바를 방문, 남한 무력침공계획에 대해 스탈린의 동의를 받은 것을 들 수 있다.

국내적인 요인은 ① 김구·여운형 등 민족지도자의 정치적 암살, ② 농지개혁의 미진으로 농민의 불만 고조. ③ 반민특위 해체로 국민의 분노가 커짐, ④ 남로당 붕괴로 남한 내부의 '인민혁명' 가능성이 희박해짐, ⑤ 5·30 총선(제2대 국회)의 결과 반이승만 계열이 국회 다수석을 차지하면서 정부에 대한 국민 불신이 커짐, ⑥ 민족해방투쟁의 경쟁 상대로서 김일성과 박헌영의 대립, ⑦ 북한군에 대한 국군의 병력 열세 등이 지적된다. 여기에 정치적 위기에 몰린 이승만이 적절한 규모의 국지전을 바라고, 남침 정보를 방치했다는 주장과 스탈린의 적극적인 사주론도 제기된다.

북한군은 1948년 10월 소련군이 철수할 때까지 4개 보병사단과 소련제 T-34 중형전차로 장비한 제105기갑대대가 편성되고, 1949년 2월에는 북·소 간 군사비밀협정에 이어 같은 해 3월에는 중국과 상호방위조약을 체결하였다. 이 조약으로 중국에서 일본군과 싸웠던 조선의용군 2만 5천 명이 북한에 인도됨으로써 10개 사단 13만 명이 38선에 배치되었다.

남한은 1946년 1월 미군정 산하의 국방경비대와 해안경비대가 1948년 8월 정부가 수립되면서 각각 육·해군의 국군으로 개편되었고 1949년 4월에 해병대, 10월에 공군이 편성되어 그 병력이 10만에 이르렀다.

이승만 정부가 피난에 급급할 때 유엔안전보장이사회는 6월 26일 오전 4시(한국 시간) "북한군의 즉각적인 전투행위 중지와 38도선 이북으로 철수"를 9대 0으로 결의했다. 소련 대표가 거부권을 행사하지 않은 것은 여전히 풀리지 않은 의문으로 남는다. 소련이 북한을 전쟁에 내세워 중국과 미국이 군사적인 적대관계를 갖도록 유도하고자 하는 스탈린의 책략이었다는 분석도 나온다.

유엔군의 개입으로 전세는 역전되었으나 초기 전황은 북한군이 파죽지세로 남한을 석권하였다. 4일 만에 서울을 점령하고 3개월 만에 대구·부산 등 경상도 일부를 제외한 전 지역을 장악했다. 그러나 9월 15일 유엔군이 인천 상륙을 계기로 서울을 탈환하고 38선을 넘어 진격, 평양을 점령했으며 국군 일부 병력이 압록강 근처 초산까지 진격하게 되었다.

유엔군의 북진에 위협을 느낀 중국군의 개입으로 다시 전세가 역전되어 한국군이 오산까지 후퇴했다가 얼마 후 38도선을 넘어 철원·금화까지 진격하고, 국제전으로 비화하면서 소련의 휴전제의를 미국이 받아들이면서 1953년 7월 27일 유엔군(미군)과 북한군 사이에 휴전협정이 조인되었다.

전쟁 중 이승만 정부의 군경은 거창민간인학살사건을 비롯하여 각지에서 수많은 학살을 자행하고 국민방위군사건으로 1천여 명의 장정이 굶어 죽거나 부상당하는 권력형 비리가 자행되었다.[3]

국회는 1950년 6월 30일 피난수도 부산에 자리 잡고 임시회의를 열어 신익희를 다시 의장으로 선출하였다. 부의장에는 장택상과 조봉암이 선출되었다.

3   김삼웅, 『통사와 혈사로 읽는 한국현대사』, 203~204쪽, 발췌.

이승만, 전쟁을 피해 남쪽으로 도주하고

북한군은 1950년 6월 25일 새벽 4시 40분을 기해 전면 남침을 자행했다. 소련제 T-34형 탱크 240여 대, 야크 전투기와 IL폭격기 200여 대, 각종 중야포와 중박격포로 무장하고 있었다.

38선은 쉽게 무너지고 북한군은 물밀듯이 남하하여 26일 낮 12시경에는 야크기 2대가 서울 상공에 날아와 김포공항을 포격했다. 이승만 정부의 방비나 대처는 허술하기 그지없었다. 이승만은 25일 오전 10시 30분경에야 남침보고를 받았다. 군통수권자인 대통령이 북한군의 전면남침 보고를 6시간 뒤에야 받은 것이다. 이승만은 국난의 시간에 한가롭게 낚시를 즐기고 있었다. 그나마 긴급 국무회의는 전쟁발발 10시간이 지난 오후 2시에 열렸다.

국무회의에서 채병덕 육군참모총장은 "적의 전면공격은 아닌 것 같으며 이주하·김삼룡을 탈취하기 위한 책략으로 보인다"라고 엉터리 보고를 하였다. 채병덕은 26일 열린 국무회의에서 "국군 제17연대가 해주로 진격 중이며 곧 반격으로 전환하여 북진할 것"이라고 보고하였다. 실제로 그 시각 제17연대는 인천으로 철수하고 있었다.

이승만은 27일 새벽 2시에 특별열차를 타고 대전으로 줄행랑을 쳤다. 그 와중에도 육군교도소에 수감되었던 김구 암살범 안두희를 챙겨갔다. 직전에 국회에서는 수도사수를 결의했는데 이승만은 국회에도, 국무위원들에게도, 육군본부에도 '서울철수'를 통고하지 않았다. 이승만이 서울을 떠난 지 30분 후에 육군공병부대에서 한강철교를 폭파하여, 다리를 건너던 시민 600~1,200명이 수장되고, 이후 서울시민의 피난길이 막혔다.

대전을 거쳐 대구로 갔던 이승만은 너무 내려갔다는 판단에서인지, 다시 대전으로 돌아와 27일 밤 9시경 녹음 방송을 통해 "대통령과 정부는 평상시와 같이 중앙청에서 집무하고, 국군이 의정부를 탈환하고 있으니 국민은 안심하고 생업에 종사하라"라는 허위 방송을 내보내었다. 이 방송은 밤 10시부터 11시까지 서너 차례 녹음으로 방송되었다.

대전에 도착한 이승만은 27일 새벽 4시에 비상국무회의를 열어 정부의 천도를 의결하고, 대통령과 내각으로 구성된 망명정부를 일본에 수립하는 방안을 주한 미국 대사에게 문의했는데, 이는 그대로 미 국무부에 보고되었다. 대전에서 4일을 머문 이승만은 7월 1일 새벽 열차편으로 대전을 떠나 이리(현재의 익산)에 도착했고, 7월 2일에는 목포에 도착하여 배편으로 부산으로 이동했다. 이승

만은 6·25 전쟁 발발 초기의 골든타임을 도망치느라고 써버려 국
토방위의 임무를 수행하지 못했다.

분단정부 수립 이후 특히 1949년과 1950년에는 38선 부근에 남
북 양측 군대 사이에서 크고 작은 충돌이 속출하여 준전시 상황을
방불케 했다. 이 같은 상황인데도 신성모는 "아침은 평양에서 먹
고 저녁은 신의주에서 먹을 수 있다"라는 허언을 일삼고, 이승만
은 이를 곧이곧대로 믿었다.

한편 북한군의 전면 남침을 보고받은 신익희는 즉각 임시국회
를 소집하여 26일 새벽 2시경 성원이 되었다. 국회는 조소앙의 발
의로「국회는 정부와 더불어 수도를 사수한다」라는 결의안을 채
택했다.

수도는 우리나라의 심장부이므로, 우리는 사기의 앙양으로나 전
략적 견지로나 끝까지 이를 보위할 것이다. 다만 실지항전實地抗戰
에 관계없는 비전투원, 즉 부인·소아·노약자 등은 미리 소개하여
장병의 치열한 전투에 마음껏 활동하게 하는 것은 당연한 조치다.

유엔군은 우리 국군을 원조하여 여러 가지로 작전시설을 하는 중
이므로 우리는 이에 신뢰하는 바이다. 천조자조天助自助의 원칙에
의하여 우리 자신의 혈투가 선행되고야 우군의 원조도 충분히 효과
를 발휘할 것이다.

그러므로 우리는 모든 항전력 있는 이들이 총무장하여 수도 서울
방위에 전력할 것이요, 이 전투에 흘리는 고귀한 피는 불행한 경우
에 적에게 무수히 학살될 수백만 동포를 구하는 동시에 조국의 운

명을 구하는 것을 알아야 할 것이다.

무장동지武裝同志 및 무장할 수 있는 동지들은 조국의 존망을 두 어깨에 지고 끝까지 수도보위首都保衛를 위하여 분투하기로 서로서로 서약하고 투쟁할 것을 기대하는 바다.

우리가 모든 고난을 참고 끝까지 싸우면 최후의 승리는 반드시 우리에게 올 것이다. 전 세계 50여 국은 우리의 편이요, 인류사의 정의는 우리와 함께하는 것이다. 우리는 조국을 위하여 싸우는 동시에 전 인류를 위하여 싸우는 역사적 투쟁에 필승을 확신하는 바이다.[1]

임시국회에서 '수도 사수'를 결의했으나

신익희는 국회결의안을 들고 새벽 5시경 경무대를 방문했다. 그런데 이승만 대통령은 이미 남쪽으로 피난한 뒤였다. 국회에 통보도 하지 않은 채 서울을 떠난 것이다.

국회로 돌아온 신익희는 전후 사정을 알리고 의원들에게 정부 없는 국회만 남아 있을 수 없으니 정황을 판단, 각자 행동을 취하라 이르고, 한강철교가 폭파되어 노량진을 통해 어렵게 피난길에 올랐다. 28일 오전 대전의 충남도지사 관저에 머물고 있던 이 대통령을 만나 위급한 시국 대책을 논의한 후 저녁에는 「전국 동포

----

1   유치송, 『해공 신익희 일대기』, 569쪽.

동지에게 고함」이라는 담화를 발표했다.

덕불고 필유린德不孤必有隣이란 말이 있듯이, 우리는 반드시 승리
를 쟁취할 것입니다. 유엔 총회에서도 유엔군의 파병을 결정했으
며, 우리 국군도 전열을 가다듬고 반격 태세에 돌입해 있으니, 실지
失地 회복은 기필코 이루어질 것입니다. 부디 이 어려운 국면을 잘
대처하여 승리의 그날에 대비합시다.[2]

신익희 의장의 수행비서 신창현의 『신익희 의장의 전란일기』
에 따르면, 신익희는 전란 초기 피난국회의 업무는 물론 국민의 정
신적 무장을 위한 각종 연설회, 부상병 위문, 지방순회, 군부대 방
문, 이 대통령과 시국논의, 국방장관 심방 등의 바쁜 일정을 하루
도 쉬지 못하고 수행했다.

제8회 임시국회가 피난지 대구에서 7월 20일 열렸다. 전란기 그
의 심중이 담긴 개회사의 앞 부문을 소개한다.

오늘 우리 국회 제8회 임시국회를 열게 됨에 즈음하여 두어 마디
개회의 식사式辭를 드리기로 합니다. 나는 우선 전 국민을 대표하여
우리나라의 큰 불행이요, 우리 민족의 대겁운大劫運인 이번 사변으
로 인해 충성 용감하게 전사한 여러 국군 장병과 경찰 동지들의 충
렬한 영혼 앞에 삼가 애도의 뜻을 드리고, 수많은 무고한 동포 동지

---

2 같은 책, 571쪽.

들이 생명과 재산을 희생당하고 유리전패流離顚沛하는 데 대하여 또한 무한한 비통애석과 죄송, 불안을 느끼며, 더욱이 세계평화와 인류 자유를 위해 우리 한국을 원조하다가 신성하고 고귀한 희생으로 사상死傷당한 여러 우리 연합군 전우 장병 여러분에 대해 깊은 애통과 숭고한 경의를 아울러 표하는 바입니다.[3]

유엔군의 참전으로 3개월 만에 서울이 수복되었다. 9월 28일 서울 탈환에 즈음하여 발표한 성명에서 신익희는 "연합군의 인천 상륙 후 우리 수도를 탈환하게 됨은 비록 전반적 군사승리는 아직 획득치 못한 금일에도 그 정치적 의의가 자못 큰 것이다"라고 의미를 부여하면서 연합군을 격려하였다.

부산에 머물던 정부가 10월 27일 환도하고 신익희를 비롯한 국회의원들도 대부분 환도하였다. 환도 후 정치적 이슈는 이른바 도강파·잔류파의 문제였다. 이승만 정부는 서울에 남은 시민들을 몰아 적에 부역했다는 이유로 처벌하기 시작했다. 남침 3일 만에 한강다리를 파괴하여 피난길을 막아놓고 '부역혐의'를 시민에게 씌운 것이다.

신익희는 이 사태를 더는 방관할 수 없어서 이승만 대통령을 찾아갔다.

"지금은 민주주의 시대입니다. 민주정치는 책임정치가 아니오?

---

3 『제8회 임시국회속기록』, 1950년 7월 27일.

옛날의 황제도 국난을 당하면 용상에서 내려앉자 수죄受罪하는 교
서를 내려 민심수습을 하는 법인데, 지금과 같은 민주주의 시대에
서야 두 말할 필요도 없이 가장 시급한 일이 민심 수습이 아닙니까?
대통령께서도 국민들께 사과하셔야 합니다. 저도 곧 국회의장의 이
름으로 사과 담화를 내겠습니다."

이 대통령은 못마땅한 표정으로 입을 열었다.

"아니, 내가 잘못한 게 뭐 있습네까?"[4]

신익희는 대국민 사과성명을 발표했다.

지금 피난하고 있는 동포들은 위선 교통이 정비되는 대로 곧 다
같이 고향으로 귀환하게 될 것이고, 역적 도배에게 유린과 고초를
당했던 유주동포留主同胞들도 이제는 복견천일復見天日하는 자유민이
될 것이니, 동족애로 동지애로써 서로서로 굳세게 뭉쳐서 역적 도
배를 철저히 숙청하고, 초토폐허된 처소일망정 우리의 힘으로 또는
유엔의 원조로 하루하루 부흥 재건에 노력하여나가야 할 것입니다.

끝으로 여러 가지 곤란한 처지에서 우리 국회와 피난 동포들이
부산시민 여러분에게 많은 폐를 오랫동안 끼친 것을 충심으로 감사
드립니다.

우리 국회는 이로부터 여전히 계속하여 우리 국민 동포들의 기대
에 틀리지 않도록 미력이나마 다하기 위하여 노력할 것입니다. 임

4   유치송, 『해공 신익희 일대기』, 584~588쪽.

무상 관계로 우리 피난 동포들보다 한 발 먼저 떠남을 널리 양해할
줄 믿습니다.[5]

일본 거쳐 타이완 방문, 양국 우의를 다지다

1949년 10월 1일 중국대륙에 공산국가 중화인민공화국이 수립되
었다. 대한민국 임시정부를 지원했던 장제스 정부는 타이완으로
밀려나 중화민국을 세웠다. 마오쩌둥의 중국이 한국전에 개입하
면서 한국정부는 중화민국과 더욱 가까워졌다.

  아직 한국전쟁이 한참이던 1951년 5월 1일 신익희는 중화민국
감찰위원장 위유런于右任의 초청으로 타이완을 방문하였다. 위유
런과는 중국 망명 시절에 크게 우의를 나누었던 사이였다. 부산
수영비행장을 떠나 일본 하네다 공항에 도착, 김용주 주일대사의
안내를 받았다. 1916년 와세다대학을 졸업한 이후 처음 방문한 일
본이었다. 다음 날 발표한 성명이 일본 정가에 잔잔한 파문을 던
졌다. 다음은 그 성명의 요지이다.

  역사의 위에는 기다幾多의 독재 폭군이 있었으나, 예외 없이 그들
  은 실패하였을 뿐 아니라, 얼마 전 2차대전의 상대가 된 흑색 또는
  갈색의 파시즘도 타도되고 말았다. 그런데 이제 공산주의 역시 인

---

5 해공 신익희 선생 기념사업회, 『해공 신익희 선생 연설집』(발췌).

류사의 정경대도正經大道인 민주주의 앞에 타도되고 말 것이다. 그러므로 이 지구상에 어느 나라를 물론하고, 민주주의에 반하여 독재주의로 가는 나라는 멸망의 길밖에 없을 것이다.[6]

5월 7일 타이완에 도착하여 망명 시절에 친분이 두터웠던 장제스 총통을 비롯하여 입법원장, 행정원장, 사법원장, 고시원장 등 5부 요인들의 뜨거운 환영을 받았다. 대한민국은 중국공산군의 자원을 받은 북한군의 침략으로 전란을 겪고, 타이완은 중국공산당에 본토를 잃고 쫓겨 온 처지여서 동병상련의 아픔과 옛 동지의 정이 어우러진 환대였다.

다음은 「대만 방문에 즈음하여」란 성명의 후반부다.

우리 한국이 당하고 있는 전란은 세계 민주국가를 대신하여 당하고 있는 것이다. 더욱 역사상으로 보아 한·중 양국은 순치보거脣齒輔車의 관계에 있는데 귀국의 공비 창궐은 그 여화餘禍가 한국에 미치어 북한 공비와 야합된 것이다.

우리 양국 국민은 인류의 공적이요, 한·중 양국의 공통의 적인 공비 소탕에 일층 긴밀한 협력을 해야 할 것이다.

역사상으로 보아 대륙의 선비鮮卑·몽고蒙古·여진족女眞族 등이 발호할 때나, 해도海島에 왜족倭族이 창궐할 때나 똑같이 한·중 양국은 그 침략 참해慘害를 입어 수천 년 동안 그 행·불행의 운명을 같이한

---

6 같은 책.

것이다. 이제 이 세기적 거화巨禍인 적색 침략에도 한·중 양국은 공통한 운명하에 그 생사·흥망을 같이할 것이다.

우리 양 민족은 일치단결하여 공동 분투하여 최후 승리를 취득하여야 참다운 공존공영이 올 것이다.[7]

5월 10일 우 감찰원장과 감찰위원들 앞에서 유창한 중국어로 연설을 하여 뜨거운 환영과 환호를 받고 양국 간의 우의를 더욱 굳건히 다졌다.

돌아오는 길에 다시 일본에 들러 재일교포 대표들과 만나 현안을 논의하고 일본 참의원을 방문하였고, 사토 의장이 베푼 만찬에 참석한 데 이어 자민당 간부들과 만났다. 신익희는 사토가 베푼 만찬회에서 짧은 인사말로 참석자들을 크게 감동시켰다.

우리 한국이 당하고 있는 전란은 한국만의 문제가 아니라 전 세계 민주주의를 대신한 수난이다. 따라서 민주주의와 아시아의 전통을 수호하기 위해 아시아 각국은 일치단결하여 공산주의를 타도하는 데 주력해야 한다. 우리는 과거에 가졌던 감정을 모두 잊어버리고, 정의에 입각한 참된 우방과 손잡기를 주저하지 않는 바이다.[8]

----

7 같은 책.
8 같은 책.

이승만의 독선과 이시영 부통령 퇴임

정부수립과 함께 1948년 7월 12일 제헌국회에서 초대 부통령에 당선, 취임한 이시영은 임시정부 요인 출신으로 새 나라 건설에 몸을 아끼지 않고 온 힘을 쏟았다. 하지만 이승만의 견제는 날이 갈수록 심해지고, 거듭된 실정으로 국정은 피난지 부산에서 더욱 어지러워지기만 했다. 제헌국회의 뜻을 받아들여 초대 부통령으로 선출된 이래 만 3년 동안이나 봉직했으나, 6·25 전쟁의 동족상쟁과 이승만의 권력욕을 지켜보면서 상심하지 않을 수 없었다.

1951년 5월 이시영은 「국민에게 고한다」라는 한 통의 서한을 신익희 국회의장 앞으로 전달하고 부통령직 사임서를 피난국회에 제출했다. 두 사람은 상하이 임시정부 '약헌' 등을 함께 기초했던 독립운동의 동지였다.

이시영은 「국민에게 고한다」라는 사임의 변에서 "취임 3년 동안 오늘에 이르기까지 나는 도대체 무엇을 해왔던가, 대통령을 보좌하는 것이 부통령의 임무라 할진대, 내가 취임한 지 3년 동안에 얼마만한 익찬翼贊의 성과를 거두어왔단 말인가"라고 자탄하면서 사임 이유를 밝혔다.

이 부통령의 돌연한 사임서 제출로 국회는 큰 충격에 빠졌다. 그렇지 않아도 국민방위군사건으로 국민의 여론이 악화되고 군경의 거창민간인학살사건으로 책임문제가 논란일 때 터진 이 부통령의 사임 표명은 국회에 적지 않은 충격을 주었다. 사임서 내용 또한 우국충정이 담긴 명문장이었다.

국회에 보낸 사임서에서 "소임을 다하지 못하고 시위尸位에 앉아 소찬素餐을 먹는 격에 지나지 못했으므로 이 자리를 물러나서 국민 앞에 무위무능함을 사과함이 도리인 줄 생각되어 사표를 내는 것이다. 선량 여러분에게 부탁하고자 하는 것은 국정감사를 더욱 철저히 하여 이도吏道에 어긋난 관료들을 적발·규탄하되, 모든 부정사건에 적극적 조치를 취해 국민의 의혹을 석연히 풀어주기 바란다"라고 사임의 이유를 밝히고 의원들에게 당부하였다.

이시영의 사임서가 전달되자 신익희는 그 내용을 본회의에서 공개하고 의원들의 토의 끝에 반려하기로 의견을 모았다. 재석 131명 중 가可 115표로 반려가 의결되었다. 이에 따라 신익희는 장택상·조봉암 두 부의장과 각파 대표를 부통령 숙소로 보내 사임의 뜻을 거두어줄 것을 요청케 했다. 그러나 무위에 그치고 말았다.

국회의 각파 대표들은 이승만을 방문, 사임을 만류해줄 것을 요청했으나 보기 좋게 거절당했다. "부통령이 현 정부를 만족하게 생각지 않아서 나가겠다는데 내가 어떻게 말리느냐"라고 오히려 그의 사임을 바라는 듯한 발언을 했다. 그만큼 부통령의 존재를 고깝게 여겼던 것이다. 부통령 사임서는 국회에 제출된 지 3일 후에야 본회의에서 수리되었다.

이시영의 사임서가 수리된 지 3일 후인 5월 17일 국회의 부통령 보궐선거 결과, 김성수가 78표를 얻어 74표를 얻은 이갑성을 누르고 제2대 부통령에 당선되었다.

피난국회에서 부통령에 취임한 김성수는 잔여임기조차 채우지 못한 채, 1952년 5·26 정치파동이 절정에 오른 5월 29일 사임서를 제출하고 물러나고 말았다. 이승만이 5·26 정치파동을 일으켜 10여 명의 야당 국회의원을 체포하고 국회를 탄압하면서 장기집권을 획책하자 사퇴를 결행하고 야당 결성에 나선 것이다.

이승만의 장기집권을 위한 정치파동이 계속되던 1952년 6월의 피난수도 부산에서 그는 전란기에도 법과 질서보다 조작된 민의와 폭력에 의지하여 정권을 유지하고 장기집권을 하는 데 혈안이 되어 있었다.

정정은 어수선하기 짝이 없었다. 국회의원들이 탄 버스가 헌병대로 끌려가는가 하면, 자신을 저격하려는 군인을 정당방위로 사살한 서민호 의원이 석방결의로 석방되었는데도 이에 항의하는 관제데모가 계속되고, 재야원로 60여 명이 호헌구국선언문을 발표하던 중 괴한들의 습격을 받아 여러 사람이 테러를 당한 사건이 발생하기도 했다.

6월 25일 부산 충무로 광장에서 거행된 6·25 기념행사에서 이승만 저격사건이 발생하면서, 정계는 한층 더 심상치 않은 먹구름에 가리게 되었다. 이날 유시태(당시 62세)는 민국당 출신 김시현 의원의 양복을 빌려 입고 김 의원의 신분증을 소지한 채 유유히 기념행사장에 들어갔다. 그리고 이 대통령이 연설을 시작하여 한참 기념사를 읽는데 2m쯤 떨어진 뒤에서 독일제 모젤 권총의 방아쇠를 당겼다. 의열단 출신인 유시태는 방아쇠를 잡아당겼으나 탄환이 나가지 않았다. 어찌된 일인지 격발이 되지 않았던 것이다. 거듭 방아쇠를 잡아당겼으나 탄환은 여전히 나가지 않았다. 그러자 옆에 섰던 경호헌병이 권총을 든 유시태의 팔을 탁 치고, 동시에 뒤에서는 치안국장 윤우경이 유시태를 끓어앉혔다.

대통령 암살기도는 실패로 돌아가고 유시태는 헌병대로 끌려갔다가 곧 육군특무대로 이송되었다. 현장에서 체포된 유시태에 이어 연루자로서 그에게 권총과 양복을 제공한 혐의로 김시현 의원이 체포되고, 뒤이어 민국당의 백남훈·서상일·정용한·노기용 의원과 인천형무소장 최양옥, 서울고법원장 김익진, 안동약국 주인 김성규 등이 공범으로 체포되었다.

정부는 이 사건을 신익희 등 민국당의 고위층으로까지 수사를 확대할 기미를 보였으나 뚜렷한 혐의사실이 드러나지 않자 그 이상 확대하지는 않았다. 국가원수 살인미수혐의로 구속 기소되어 선거공판에서 유시태·김시현에게 사형이 선고되고, 김성규·서상일·백남훈 의원에게는 각각 징역 7·6·3년의 유죄가 선고되었다. 이는 한국정당사상 민주정통세력의 뿌리가 되는 민주당이 창당되는 토양이 된 사건이다.

학생동원 환영행사의 시정을 촉구하다

부산 피난 시절 그는 국회가 열리지 않는 날에는 전방을 찾아 국군장병들을 격려하거나 후방 각 지역을 순방하여 전란에 시달리는 국민을 위로하였다. 1951년 9월 16일부터 7박 8일 일정으로 민정시찰과 시국강연을 하기 위해 삼남지방을 다녔다.

부산을 출발하여 대전을 경유, 이리에 도착하자 역 광장에 1만여 명의 청중이 자리 잡고 있었다. 시국정세에 대해 강연하고 고아원, 관공서, 교육기관, 상이군경 수용병원, 피란민수용소 등을 들러 위문·격려하였다.

이때의 일정은 전주 → 군산 → 광주 → 목포 → 완도로 이어지는 강행군이었다. 9월 중하순, 가는 곳마다 뙤약볕 아래서 1시간 이상씩 강연을 하고, 언제 어디서 공비가 불쑥 나타나 총질을 할지 모르는 산길을 달려 다음 행선지에 이르렀다.

목포에 도착하자 전혀 예상하지 않았던 일이 일어났다.

목포역에 도착하여 숙소인 신광新光 호텔에 이르기까지 가로 양측에 도열한 남녀 중등 학생과 일반 시민의 환영을 받았고, 숙소에 들러서는 관공서 책임자·유지들의 인사를 받았다. 그런데 역전 광장에서 환영을 받을 때 꽃다발 증정에 이어 목포여중 합창단의 「신 국회의장 환영가」가 있었다.

해공이 망명 생활에서 환국한 뒤에 남한 각처를 숱하게 다녔지만 환영가를 지어 취주악대 합주에 맞추어 50, 60명의 합창으로 환영의 노래까지 불러주는 것을 받아보기는 이번이 처음이었다.[9]

신 국회의장 환영가

1) 오직 하나 통일만을 그리웁고 있나니
   오직 하나 건설만을 바라웁고 있나니

---

9 신창현, 『해공 신익희』, 502쪽.

아아 우리들의 앞장서 모든 충성 다하여

번거로움 무릅쓰고서 머나먼 길 와 주시니

환영하자 신 국회의장 영화로움 입으라

아아 반가움이 가슴에 사무쳐 칭송할 길 없어라.

2) 오직 하나 자유만을 그리웁고 있나니

오직 하나 평화만을 바라웁고 있나니

아아 우리들의 이 소원 언제 이룩하려나

이 나라의 온 겨레 위해 몸과 마음 다 바치사

사랑과 충성의 사도인 우리의 국회의장

아아 우리들의 위대한 영도자 만수무강하소서.[10]

당시는 정부 고위급 인사가 지방을 방문하면 학생들을 동원하여 환영행사를 하는 것이 관행처럼 되었다. 전시 중에 국회의장이 그것도 유명한 독립운동가 출신의 방문에 지방관리들이 이번에도 과잉 환영행사를 벌였던 것이다.

이날 저녁 좌담을 겸한 만찬회에서 신익희는 목포시내 중학교 책임자들에게 감사의 뜻을 표하면서, 다시는 정치행사에 학생들을 동원하지 말 것을 신신당부했다.

내가 오늘 이곳에 오면서 보니 연도에 환영 인파가 꽉 차고 환영

---

10 같은 책.

의 깃발을 날리며 함성이 터져 나오는 것을 보았습니다. 한편으로는 기쁘고 마음에 싫지 않더군요.

그러나 뙤약볕 아래서 오랜 시간을 서 있게 하는 것도 안쓰러울 뿐 아니라, 허비하는 시간이 얼마요? 시간을 쪼개서 가르쳐도 일제 강점기로 빼앗긴 공백을 메꾸려면 앞으로 얼마가 걸릴지 모르는 우리의 이 형편에 말입니다. 공연한 낭비지요. 학생들을 환영·환송에 동원시키는 일 우리가 특별히 재검토하여 사정할 필요가 있지 않은가, 나는 이렇게 생각합니다.[11]

국군의 두만강 진격 소식에
북한동포에게 고하는 성명을 내다

국군과 유엔군이 1951년 여름 38선을 넘어 이북으로 진격하여 10월 13일 평양·원산을 탈환하고, 국군 일부가 26일 압록강 근처 초산까지 진격하게 되었다. 마침내 조국통일이 눈앞에 이르렀다.

신익희는 해방 후 임시정부 주류의 남북협상과 단독정부수립 반대의 주장에서 벗어나 참여론을 펴며 입법부의 수장까지 맡았다. 하지만 통일정부 수립이라는 당초의 꿈은 한시도 잊은 적이 없었다.

6·25 한국전쟁을 겪으면서 공산주의의 잔혹성을 더욱 체감하

11 같은 책, 503~504쪽.

게 되었고, 여우와 더불어 값진 모피를 얻을 의논을 하는 건 부질 없다는 이른바 '여호모피론興狐謀皮論'을 되새겨야 했다. 북한군의 남침을 당하여 국토가 초토화되고 남북 동포 수백만이 희생되고 있었다.

이런 와중에 국군과 유엔군이 두만강까지 진격했다는 소식을 듣고 10월 17일 국회의장 신익희의 이름으로 「조국의 통일에 제하여 북한 1천만 동포에게 고함」이라는 성명을 발표했다.

사랑하는 북한 동포 여러분! 꿈에도 잊지 못하는 1천만 형제자매 여러분!

8·15 해방 이래 다시 공비共匪의 학정에 묶여 길고 긴 6년 동안 얼마나 고생하셨습니까? 죄 없이 죽고, 까닭 없이 재산이 몰수되어 부자·형제가 유리流離했으며, 남은 사람도 심야에 문을 두드리는 적마赤魔에게 어느 때 붙들려 갈는지 모르는 글자 그대로 생지옥이었습니다.

다행히 천운이 다시 돌아 공비의 불법 남침과 무차별 살육은 우리 국내뿐 아니라 전 세계 인류의 분노를 사게 되어, 우리 충용한 국군은 정의의 사도 유엔군과 함께 오래 뿌리박고 있는 공비를 소탕하고, 공비에게 강점되었던 실지를 회복하게 되니, 여러분은 오래간만에 다시 천일天日을 보게 되고, 그 무서운 학정에서 해방돼 자유와 평등을 누리게 되었습니다.

여러분이 기쁨에 춤추는 동시에 오래간만에 태극기를 꽂게 된 이 강산의 일초일목一草一木조차 기뻐 뛰는 듯합니다. 그러나 여러분!

자유를 사는 값은 언제나 피인 사실을 생각하십시오! 최후 발악하는 공비를 완전히 소탕하여 산곡과 음지에 숨어 있는 잔적을 전멸시키는 데도 여러분 북한 동포의 절대한 노력이 있어야 하고, 6년 동안 공비의 학정으로 황폐한 전야田野와 공장을 재건하는 데에도 여러분의 절대한 노력이 필요하며, 이러한 모든 당면의 건설과 함께 진정한 민주주의의 나라로서 "여러 사람의 일은 여러 사람의 뜻대로 한다"라는 원칙 아래 만인이 다 같이 각 개인의 자유와 평등을 누리게 되는 진정한 민주주의 국가를 건설하여 안심하고 살게 되자면 전 국민의 총집중이 있어야 할 것입니다.

물론 이 실지회복에 의한 국토 재건에는 국제적으로 우방의 원조와 국내적으로 시책도 있을 것이나, 무엇보다도 먼저 그 땅 그 향토의 주인인 여러분의 자유조국 건설을 위한 분발·궐기가 선행되어야 할 것입니다.

여러분! 비상非常한 때에는 비상한 결의와 비상한 노력, 비상한 희생이 요청됩니다.

3천만 온 겨레를 위하여, 자손만대의 행복을 위하여 혼신의 노력과 거룩한 피를 바칠 때는 먼 내일이 아니라 바로 지금, 오늘입니다.

정의의 보우保佑 아래 자유를 위한 싸움의 전열에 함께 서서 힘차게 나가기를 맹세하고 또한 약속하며, 동포 여러분의 건강과 분투를 비는 바입니다.[12]

---

12 해공 신익희 선생 기념사업회, 『해공 신익희 선생 연설집』(발췌).

헌정을 짓밟고 재선된 이승만

전세가 역전되었다. 1950년 10월 25일 중국군이 한국전쟁에 개입하면서 1951년 1월 4일 서울을 다시 빼앗기고 정부는 부산으로 이전했다. 국회도 부산으로 옮겼다. 남포동 부산극장을 임시회의장으로 삼았다.

전쟁 중에 이승만(정부)의 행태는 국난을 극복하고 국민을 보호하여 자주독립국가를 세우려는 자세가 아니었다. 1951년 1월 국민방위군 사건이 벌어졌다. 정부는 제2국민병에게 해당하는 만 17~40세의 장정들을 국민방위군에 편입시켰다. 국군의 후퇴가 시작되어 방위군을 후방으로 집단 이송하게 되자, 방위군 간부들은 이 기회를 틈타 막대한 돈과 물자를 빼돌려 사복을 채웠다. 그 결과 보급 부족으로 천 수백 명의 사망자와 환자가 발생했다. 이들이 부정처분한 돈과 물자는 당시 화폐로 무려 24억 원, 양곡 5만 2천 섬에 달했다.

신익희는 이 대통령을 만나 나라의 기강을 해치는 이들을 엄벌할 것을 촉구했다. 국회가 진상조사에 나서는 한편, 4월 30일 방위군 해산을 결의함에 따라 5월 12일 방위군은 해산되고, 사건을 일으킨 김윤환 등 4명은 처형되었다.

국회조사단이 구성되어 국민방위군사건의 조사에 나서자 이승만은 국방장관 신성모를 해임하고 이기붕을 임명하면서 수습에 나섰으나 이승만과 정부의 행태, 군부의 부패 문제는 쉽게 시정되지 않았다.

6·25 전쟁을 전후하여, 거창사건을 비롯하여 전국(남한) 도처에서 100만 명으로 추산되는 민간인이 군경과 우익단체에게 학살당했다. 민간인 학살은 국군과 경찰, 특무대, 서북청년단 등 우익세력에게 '빨갱이', '통비분자'로 몰려 자행되었고, 미군에 의한 집단학살도 적지 않았다.

특히 1950년 6~8월에 자행된 국민보도연맹(보도연맹)의 학살사건은 수법이나 희생자 수로 보아 천인공노할 만행이었다. 보도연맹은 1949년 반공검사 오제도의 제안으로 이른바 좌익운동 전향자들이 가입하면 전과를 묻지 않는다는 명분으로 조직되었다. 그런데 막상 전쟁이 발발하고 전세가 불리해지자 군·경·서북청년단 등이 남한 전역에서 이들을 무차별 검거하여 집단학살을 자행하였다. 실제로 이들은 예비검속을 당하거나 자발적으로 경찰서에 출두할 때까지 생업에 충실한 민간인이 대부분이었다. 군·경과 우익 단체들은 이들이 북한군에 '동조'할지 모른다는 이유만으로 예비검속하거나 강제로 검속하여 집단학살극을 자행한 것이다. 육지에서는 산속이나 계곡, 강변 등 인적이 드문 곳에서 학살이 이루어졌고, 해안지방에서는 배에 실어 돌을 매달아 수장한 경우도 많았다.

6·25 한국전쟁 기간에 남한 국민들은 북한인민군에게 학살당하기도 했으나 이와 같이 군·경과 우익단체·미군에게 희생된 경우도 그에 못지않았다. 그 일차적인 책임은 현지 관련자들에게 있지만, 정치적 책임은 오롯이 이승만에게 있었다.

6·25 한국전쟁 발발 2년차가 된 1952년이 되었다. 이승만의 임

부산 정치파동 후 대통령 이승만에게 건의하는 신익희.

1951년 1월 1일, 국회 신년 축하연.

기가 끝나고 제2대 대통령선거가 실시되는 해이기도 했다. 1951
년 7월 개성에서 처음으로 휴전회담이 개최된 데 이어 10월 25일
판문점에서 정전회담이 열렸다. 전쟁은 소강상태에서 휴전(정전)
으로 전환되고 있었다.

이승만은 대통령 재선을 위해 여러 가지 구상을 거듭하였다. 원래 국회 의석의 분포로 봐서는 도저히 재선이 불가능한 구도였다. 그래서 짜낸 것이 대통령직선제 개헌이었다. 상식적으로 대통령 선거가 직선제라도 전시하에서는 간선제로 바꾸는 것이 상식일 터인데 이승만은 그 반대였다. 국가의 안위나 일반 상식보다 자신의 권력욕을 우선시한 것이다.

이승만은 제2대 대통령선거에 대비하면서 1951년 11월 23일 자유당을 발족했다. 원내의 공화민정회, 원외의 국민회, 대한청년단, 대한노총, 대한부인회, 농민조합연맹 등의 대표들을 모아 신당발기준비협의회를 구성했다. 그러나 당의 주도권을 둘러싸고 이들은 원내파와 원외파로 분열되었다. 원내파는 이갑성을 중심으로, 원외파는 이범석을 중심으로 각각 자유당을 발족, 하나의 이름으로 두 개의 정당이 만들어지는 기형적인 모습으로 자유당이 창당되었다.

이승만이 1951년 11월에 제안한 대통령직선제 개헌안은 공고 기간을 거쳐 1952년 1월 28일 국회에서 표결한 결과 재적 163명 중 가피 19, 부좀 143, 기권 1로 부결되었다.

직선제 개헌안이 국회에서 부결되자 집권층은 자유당과 방계단체인 국민회·한청·족청 등을 동원하여, 1952년 1월 말부터 백골단·땃벌떼·민중자결단 등의 명의로 국회의원 소환 벽보와 각종 삐라를 살포하는 등 공포분위기를 조성하였다. 또 전국애국단체 명의로 관제데모, 가두시위, 국회 앞 성토대회, '민의 외면한' 국회의원 소환요구 연판장 등 광적인 이승만 지지 운동을 전개하였다.

관제데모와 경찰의 방관·방조 등으로 국회와 사회의 반이승만 정서는 더욱 고조되었다. 이에 따라 민국당 등 야당은 국회에 개헌정족수인 3분의 2보다 1표가 더 많은 123명이 내각책임제 개헌안을 제출했다. 국회의 분위기가 내각책임제 개헌으로 기울게 되자 이승만은 다시 강압적인 수법을 동원했다.

합법적인 방법으로는 직선제 개헌이 불가능하다고 판단한 이승만은 5월 25일 정국 혼란을 이유로 부산을 포함한 경남과 전남북 일부 지역에 비상계엄을 선포하고, 영남지구 계엄사령관에 측근 원용덕을 임명하는 등 군사력을 개헌공작에 동원했다. 적과 대치 중인 전방 전투부대까지 후방으로 빼내어 계엄령을 선포한 것이다.

계엄사령부는 언론검열을 실시하는 한편 내각책임제 개헌 추진을 주도한 의원들의 체포에 나섰다. 5월 26일에는 국회의원 40명이 타고 국회에 등청하는 통근버스를 크레인으로 끌어 헌병대로 연행하였다.

이런 상황에서 신익희·이시영·김창숙·장면 등 야당과 재야 원로들은 부산에서 호헌구국선언대회를 열어 이승만 독재를 규탄하고 나섰다. 그러나 6·25 기념식장에서 김시현·유시태 등의 이승만 암살미수사건이 일어나면서 야권은 완전히 전의를 잃게 되었다.

장택상은 기회를 놓치지 않고 국회해산을 협박하면서 발췌개헌을 추진했다. 발췌개헌안이란, 정부가 제출한 대통령직선제와 양원제에다 야당이 제안한 개헌안 중 국무총리의 추천에 의한 국무위원의 임명, 국무위원에 대한 국회의 불신임결의권 등을 덧붙인, 두 개헌안의 절충 형식을 취한 내용이었다.

발췌개헌안은 7월 4일 심야에 일부 야당 의원들이 강제 연행되고 경찰·군대와 테러단이 국회를 겹겹이 포위한 가운데 기립표결로써 출석 166명 중 가 163명, 기권 2명으로 의결되었고, 7월 7일 공포되었다. 비상계엄은 28일 해제되었다.

발췌개헌은 이승만의 권력연장을 위한 사실상 친위쿠데타였다. 개정 헌법에 따라 8월 5일 실시된 첫 직선제 대통령선거에서 이승만은 74.6%의 득표로 제2대 대통령에 당선되고, 조봉암과 이시영은 각각 유효표의 11.4%, 10.7%를 획득했다. 전시하에서 이승만의 일방적인 선거운동의 결과였다. 민국당 일부에서 신익희를 대통령후보에 추천하였으나 "헌정질서를 유린하면서까지 직선제 개헌을 한 마당에 내 어찌 대통령후보에 나서겠느냐"라며 신익희는 출마를 사양하였다.

신익희는 이에 앞서 6월 30일 부산에서 다시 국회의장으로 선출되었다. 이로써 초대와 2대 전·후기를 합쳐 연 3회 6년 동안 국회의장을 역임한 기록을 세웠다. 전쟁 초기 서울이 수복되어 시민회관에서 열린 국회에서 전란의 책임을 들어 의장직 사표를 제출했으나 출석의원 전원의 결의로 반려되었다.

26개국을 순방하며 거둔 외교 성과

신익희는 외교의 중요성을 인식해온 정치인이다. 망명 시절 한·
중 우호에 각별히 심혈을 기울였고, 해방 후에는 우방의 친선외교
에 노력하였다. 국력이 약한 작은 나라가 생존하기 위해서는 든든
한 우방과의 연대가 중요하다는 신념이었다.

신언서판身言書判을 갖추고 여러 가지 외국어를 구사하는 국회의
장의 신분이어서 신생국 외교역할에 안성맞춤이었다. 방미 시절
단장과 중화민국 국빈방문의 성과에 이어 1953년 5월에는 영국
여왕 엘리자베스 2세의 대관식에 참석한 것을 계기로 6·25 때 지
원해준 참전 우방 등 26개국을 두루 순방하였다. 외교적 성과가
괄목할 만했다.

5월 18일 부산을 떠난 신익희 의장과 김동성 의원 일행은 한국

대표단으로 일본을 경유하고, 곧바로 미국·캐나다를 거쳐 5월 28
일 런던에 도착했다. 6월 2일 대관식에 참석하고, 6월 10일까지 런
던에 체류했던 해공은 여행 도중에도 국내 사정을 염려해 계속 친
지들에게 서신을 보내고는 했다.

해공은 영국에 체류 중 고국에서는 휴전 반대 데모가 거국적으로
전개되고 있다는 소식을 전해 들었고, 룩셈부르크와 벨기에 순방
도중 6월 18일에는 대통령이 반공 포로를 석방했다는 소식을 접했
다. 그는 우방 요인들에게 우리의 사정을 설명, 그들을 납득시키는
등 친선 여행 중에도 우국충정의 심정을 한시도 잊지 않았다.[1]

그가 방문한 나라는 미국·영국·프랑스·아일랜드·스웨덴·
덴마크·서독·네덜란드·벨기에·룩셈부르크·이탈리아·터키·이
집트·에티오피아·레바논·희랍·호주·필리핀·태국·중화민국·일
본 등 26개국이었다. 이들 나라를 방문하여 친선을 도모하고 귀
국한 것은 그해 9월 19일이다. 장장 4개월에 걸친 친선방문의 장
도였다.

당시 한국은 오랜 식민지와 동족상쟁의 전쟁으로 국제사회에서
썩 좋지 않은 이미지로 인식되고 있었다. 신익희는 영국 여왕 앞
에서 당당하게 우리말로 발언하였다. 다음은 귀국보고의 한 대목
이다.

<hr />

1 유치송, 『해공 신익희 일대기』, 664~665쪽.

1953.년 5월, 영국 엘리자베스 여왕 대관식에 한국 대표로 참석차 떠나는 해
공 신익희 의장과 김동원 부의장.

 6월 5일 버킹검 궁전에서는 영국 여왕을 만나 대화하는 시간이
마련되었는데 함께 간 국무총리 백두진, 주영공사 이묘묵 동지가,
"여왕과 악수하고 알현하는 의식은 신 의장이 하는 게 옳다"라고 하
며 나에게 우리나라를 대표해서 이야기하라고 하더군요. 그래 한국
대표 차례가 되기를 기다려서 여왕 앞에 나가 악수하고 나는 명백
한 우리말로 얘기해주었구료.
 "내가 이번에 온 것은 당신의 대관식을 축하하기 위해서뿐만 아
니라 당신의 영용한 군대가 한국 전쟁에 파견돼 우리 국군 장병들
과 어깨를 나란히 작전하고 있는 사실에 대해 특별히 당신에게 고
맙다는 인사를 하러 온 것입니다."

분명하고도 또렷한 한국말로 인사를 했구료. 물론 외교에 자기 본국의 말을 사용하는 것이 이상스러운 일이 아니겠지만, 근대 영국 궁정 안에서 자기 본국의 언어로 명쾌한 인사를 한 예는 아마도 별로 없었던 듯 여왕은 퍽 감명 깊은 태도로, "의당 할 일을 했을 뿐 특별히 감사하다는 말씀을 들을 성과는 아닙니다"라며 의사를 표시합니다.[2]

그가 해외순방 중일 때 이승만 정부는 6월 18일 반공포로 2만 5천여 명을 석방하고, 7월 27일 정부가 불참한 가운데 휴전협정이 조인되었다. 가는 곳마다 이것이 화제가 되고, 각국 정부 인사나 언론이 이에 관해 물었다. 신익희의 답변은 확고하고 명료했다.

우리 한국 사람은 평화를 애호愛好하고 전쟁을 혐오하는 민족이다. 나로서 얘기하기에는 그리 명예롭지는 않지만 우리는 5천 년의 유구한 역사를 가진 나라로 남을 침략한 사실이 한 번도 없다. 다만 침범을 당했을 때 방위적 수단으로 대항하여 싸운 일은 허다하다.
전 세계에서 평화를 애호하고 전쟁을 혐오하는 민족이 있다면 그 민족이 바로 한민족일 것이다. 다시 말하지만 한국 사람은 평화를 사랑하기 때문에 전쟁을 싫어한다.
요새 유엔군 측이 공산 침략자들과 정전停戰을 협의하고 있다는 사실에 우리 국민이 반대하는 것은 우리가 평화를 싫어하는 호전적

---

2 신창현, 『해공 신익희』, 649쪽.

인 민족이라서가 아니라 우리가 원하는 진정한 평화가 아니고 단지 위계에 의한 위조된 평화이기 때문이다.[3]

함상훈의 용공음해로 유포된 '뉴델리 밀회사건'

4개월여의 해외순방을 마치고 귀국할 즈음 엉뚱한 음모가 기다리고 있었다. 민주국민당 정책위원회 부위원장이며 선전부장인 함상훈이 10월 25일 돌연 장문의 성명서를 통해 그를 용공으로 음해하여 정계에 큰 충격을 주었다. 당대표를 선전부장이 용공으로 몰아붙인 이례적인 일이었다. 이는 신익희가 귀로에 인도 뉴델리에서 6·25 전쟁 때 납북된 조소앙을 비밀리에 만나 반자본·비공산의 제3세력, 즉 영세중립화를 논의했다는 내용이었다. 함상훈의 성명이 나오기 전 10월 20일 여당인 자유당계 신문으로 알려진 《국토일보國都日報》의 보도와 유사한 내용이었다.

예나 지금이나 정치공작의 시나리오가 그럴듯하게 꾸며지듯이, 신익희를 잡는 데 조소앙을 등장시킨 것은 그럴듯했다. 두 사람의 관계가 남달랐기 때문이다. 상하이 임시정부의 헌법기초위원, 충칭 임시정부에서 내무부장(신익희)과 외무부장(조소앙) 그리고 정부수립 과정에서 신익희는 이승만에게 조소앙을 국무총리에 적극 추천하는 등 '절친'이었다.

---

3 같은 책, 649쪽.

함상훈은 「전 민주국민당원에게 고함」이라는 성명에서 "4286
년 5월 18일에 출발하여 영국 엘리자베스 여왕의 대관식에 참석한
민주국민당 위원장이며 전 국회의장인 신익희 씨가 돌아오는 도
중에 인도의 수도 뉴델리에 들러 6·25 당시 월북한 조소앙과 밀회
하고 소위 비공산·비자본의 제3세력과 연결되었으며 이러한 세력
이 민주국민당 내무에까지 침투되고 있다"[4]라는 폭탄발언을 했다.
이에 "본 당은 창당 이후 원세훈·김약수 씨 등의 탈당사건이 있었
고 노일환·김옥주 등의 국회프락치사건이 있었지만, 지금은 그것
보다 더 중대한 사건이 생겼습니다. 그것은 제3세력의 본당 침투
입니다"[5]라는 놀라운 발언을 이어갔다.

정계에 파란을 일으킨 이 발언은 허구로서 '가짜뉴스'였다. 본인
은 물론 신익희와 함께 해외 순방을 했던 김동성 의원이 부인했고,
'폭로' 이외에 입증할 아무런 자료가 없었다. 그럼에도 함상훈은
끈질기게 음해를 계속했다. "1954년 3월 조선민주주의인민공화국
(북한)에서 온 조소앙의 밀사 오경심을 신익희 민국당위원장이 만
났다"라고 주장했다. '제3세력'이 민국당위원장 신익희와 내통하
여 김일성과 이승만 정권을 배제한 중립화 정권 수립을 추진하였
는데, 그 일환으로 신익희와 조소앙이 뉴델리에서 만났고, 또 조소
앙이 보낸 특사를 신익희가 만났다는 내용이었다.[6]

민주국민당은 함상훈을 즉각 제명조치하고 사태수습에 나섰다.

4 임규환, 「함상훈과 신·조 뉴델회담설 사건」, 『흑막』(실화, 1960), 194쪽,
5 같은 책.
6 《위키백과》, 「뉴델리 밀회공작사건」.

그러나 정작 피해 당사자인 신익희는 담담한 모습이었다. 하늘 아래 부끄럼이 없는데, 모략중상이 통하겠느냐는 배포였다. "버려지는 나무가 썩어야 생기지 단단한 나무에는 생기지 않는 법이다. 한자 목후충생木朽蟲生이라 한다"라고 덧붙였다.

해외순방 외교가 크게 성공하고 그의 위상이 날로 높아지면서 정치공작이 나타난 것이었다. 1949년 반민특위가 한참 활동할 때 '국회프락치사건'이 날조되고 김구가 암살되었다. 8월 31일 정부에 비판적이던 연합신문과 동양통신 편집국장 정국은이 정부전복 음모 혐의로 사형되고, 9월 12일 자유당은 이기붕을 2인자로 지명했다. 이듬해(1954) 5월로 예정된 제3대 국회의원 총선거를 앞두고, 이승만 정권이 여러 가지 정치적인 음모를 꾸미던 시점이었다. 이승만의 3선을 위해서는 헌법을 개정해야 하고, 이를 위해서는 어떤 일이 있어도 국회에서 개헌선을 확보하는 것이 중요한 과제였다. 함상훈의 뉴델리 밀회사건은 이 같은 배경에서 나타났을 것이다.

이와는 달리 야권의 라이벌 제거 수단으로 제기되었다는 주장도 따른다.

훗날 통합야당으로 출범한 민주당에서 1957년 당내 분규가 일어났을 때 김준연金俊淵과 조병옥趙炳玉은 서로 상대방을 함상훈 성명의 배후로 비난한 바 있었다. 이를 통해 보았을 때 민주국민당 내 강경보수파였던 김준연이나 조병옥이 유화파였던 신익희를 제거하기 위해 함상훈을 앞세워 소위 '뉴델리밀회설'을 흘렸다는 추정이 있기도 하다.

또한 당시 개헌을 추진 중이었던 자유당 역시 이 사건을 계기로 야당을 '제3세력'으로 규정하고 이에 대한 공격을 통해 반공안보 분위기를 고조시켜, 개헌안에 유동적이었던 자유당 국회의원들이 야당에 동조하는 것을 견제하였다고 평가되기도 한다.[7]

유례없는 관권 부정선거 속에서도 3선에 올라

5월 20일 제3대 국회의원 선거(그때는 민의원이라 호칭)를 앞두고 자유당은 2인자로 내세운 이기붕을 차기 국회의장으로 뽑고, 이승만 대통령의 3선을 추진하고자 국회를 자당 일색으로 만들려고 혈안이 되었다.

제2대 국회가 무소속 의원이 많아서 골머리를 앓았던 이승만은 선거법을 바꿔 정당공천제를 실시하였다. 자유당 당원은 당총재 이승만의 지시에 절대 복종하고 당선되면 개헌을 절대적으로 지지한다는 서약서를 쓰고 공천을 받았다.

뉴델리 밀회공작이 허사로 돌아가면서 자유당은 신익희를 낙선시키는 데 온갖 방법과 수단을 가리지 않았다. 그는 이번에도 고향인 경기도 광주군에서 입후보 등록을 마쳤다. 그런데 자유당은 대항마로 최인규를 출마시켰다. 1960년 3·15 부정선거를 지휘하

---

7 《한국민족문화대백과》; 《NAVER 지식백과》, 「뉴델리밀회사건」.

고 4·19 혁명 후 처형당한 내무장관 바로 그 인물이다.

제3대 국회의원 선거는 6년 뒤 3·15 부정선거의 예고편이었다. 황당하기 그지없는 선거운동이 벌어졌다. 다음은 제헌국회 때부터 수행하였던 인사의 증언이다.

1954년 제3대 국회의원 선거에 해공은 고향인 광주에서 출마하였다. 그런데 광주 국회의원 선거관리위원회에서 짜놓은 일정표에 따라 지정된 강연회장으로 나가 보면 청중이 없었다. 그래서 청중이 모이기를 한 시간, 두 시간 기다리다가 텅 빈 운동장 연단에 서서 창공을 향하여 지정된 20분 동안 선거 연설하고 돌아서고는 하였다. 이것이 매일 되풀이되는 행사요, 또한 동서고금에도 그 유례를 찾을 수 없는 입후보자의 선거 강연이었다.

투표 날짜를 수일 앞둔 5월 어느 날 대왕면 유권자에게 행할 선거 강연이 대왕면 세곡리 대왕국민학교 교정에서 있었다. 이곳 강연회장도 다른 면面과 다를 바 없이 단 몇 사람도 나오지 않았다.

운동장 가장자리 미루나무 밑에서 서성거리는 몇몇 청년들이 있었는데 사복으로 바꿔 입은 경찰관 아니면 특무대 대원들이었다. 이 강연회장으로 들어오는 길목마다 사복 경찰들이 목을 지키고 서서 눈을 부라리고 있는 판이어서 강연 들으러 오던 사람도 혼비백산하여 되돌아서는 지경이었다.[8]

8   신창현, 『해공 신익희』, 688~689쪽.

5·20 총선은 경찰·특무대·공무원이 총동원되고 깡패들까지 날뛰는 불법 무도한 선거로 시종하였다. 현직 국회의장의 선거구에서 이럴 정도면 다른 지역도 크게 다르지 않았을 것이다. 최인규는 이번 선거에서 신익희를 떨어뜨리고 입신하고자 날뛰는 야망에 찬 인물이었다. 그러나 당선자는 신익희였다.

신익희가 나온 지역에는 누가 나왔냐 하면, 바로 1960년 3·15 부정선거를 이승만 밑에서 지휘한 사람입니다. 바로 최인규가 나왔어요. 최인규는 신익희 선거운동을 봉쇄한 것까지는 좋았는데, 중간에 여론조사를 한번 해보고 싶었어요. 그런데 그 조사에서 이상하게도 다 자기를 선택하고 신익희를 선택하지 않았단 말이에요. 모의투표 비슷한 짓을 했더니, 이러면 그냥 놔둬도 괜찮지 않아? 그래서 놔둬버렸어요. 그랬더니 사람들이 나중에 신익희를 다 찍어버렸죠.[9]

신익희는 광주군민들의 깨어 있는 주권행사로 당선되었지만, 전국적으로 민국당은 참패하고 자유당이 개헌선에 육박하는 당선자를 냈다. 관권 부정선거의 결과였다. 이는 이승만과 자유당이 몰락으로 치닫는 징검다리 총선이었다.

---

9 서중석, 『대한민국 선거이야기』, 85~86쪽.

공관 헌납 후 전셋집으로 들어가다

제헌국회 때부터 7년 동안의 격동기에 국회를 안정적으로 자리 잡게 한 것은 중후한 인품으로 명사회·명의장의 이름을 날린 신익희의 공로가 컸다. 그러다 보니 국회뿐만 아니라 일반 국민 사이에서도 그가 차기 대통령감으로 널리 인식되었다. 이승만 정권은 신익희를 정치적으로 제거하고자 국회의장 선거에서도 비열한 방법을 동원하였다.

관권 부정선거에서도 자유당은 총선에서 개헌선인 3분의 2 의석을 확보하지 못해 갖은 협박으로 무소속 당선자들까지 끌어 모았다. 총선 당선자는 재적 203명 가운데 자유당 103명, 무소속 69명, 민주국민당 15명, 대한국민당 3명, 독촉국민회 2명, 제헌동지회 1명이었다. 제1야당인 민주국민당이 참패한 것은 관권선거에도 원인이 있었지만, 본질적으로는 친일지주들의 이미지를 갖는 한민당과의 합당이 패인으로 작용하였다.

야권에서는 신익희의 개인적인 명망성을 들어 다시 의장후보에 천거하였다. 하지만 자유당 당선자나 협박에 못 이겨 무소속에서 이적한 의원들의 선량의식을 기대하기는 어려웠다. 이들을 믿지 못한 것은 자유당 수뇌부도 마찬가지였다.

이날의 의장 선출에서 자유당은 같은 당원일지라도 믿지 못한 나머지 암호 투표를 실시했다. 그 방법에서 여당이 내세운 국회의장 후보 이기붕의 이름을 투표용지에 기입할 때 사전 묵계가 있었다.

서울·경기 출신 의원 25명은 내려 써 정상적인 형태를 취한다. 충남북 출신 22명 의원은 가로로 쓰되 왼쪽에서 오른쪽으로 기입한 다. 경남북 출신 42명 의원은 가로로 쓰되 오른쪽에서 왼쪽으로 기 입하고, 전남북 출신 의원 31명은 엇비슷하게 기입하되 오른쪽에서 왼쪽으로 쓰며, 강원·제주 출신 15명 의원 역시 엇비슷하게 기입하 되 왼쪽에서 오른쪽으로 쓰도록 한다.

무섭게 어르고 위협하며 돈 주고 매수하여 투표가 끝난 뒤에라도 빠져나간 수효를 환하게 알 수 있게끔 특별 암호 투표를 실시하였다.

그러나 소속 의원 135명 가운데 만송晩松에게 투표한 의원수는 124명으로 나왔다.

사전에 빈틈없이 무시무시하게 단속하였건만 열한 표의 이탈표 가 발생하였다.[10]

신익희가 속한 민주국민당 소속의원은 15명인데, 그런 속임수 투표에서도 52명의 지지표가 나왔다. 결국 의장에 이기붕, 부의장 에 최순주·곽상훈이 당선된 것으로 선포되었다.

의장직에서 물러난 그는 당시까지 살던 삼청동 106번지 저택을 약속한 대로 국가에 헌납하고 효자동 2번지 막다른 골목의 집으로 세 들어 이사하였다. 그리고 국회의사당까지 걸어서 출퇴근하였 다. 가장이 큰 감투를 썼지만 청렴결백하여 가족은 여전히 가난에 시달렸다. 다음은 딸의 증언이다.

....
10 신창현,『해공 신익희』, 746쪽.

재주 좋은 사람도 많았지만 우리는 늘 경제적으로 가난했다. 아버지는 가끔 "이 애비가 못난 탓이라고 위로하려므나" 하고 위로하듯 말씀하셨지만 나는 '국회의장 딸이 단칸 셋방살이를 한다'는 일엔 조금도 불평이 없을 뿐 오히려 떳떳하기까지 했다. 그러나 이승만의 폭정은 날로 더해갔고 정치의 혼란은 날이 갈수록 심해갔다.

우선 기억에 남는 큰일 중엔 악명 높았던 54년 5·20 선거(제3대 민의원 총선거)가 있는데 자유당은 아버지의 선거구인 경기도 광주에서조차 최인규를 맞세워 관권과 금력이 총동원된 선거전을 폈다. 물론 아버지는 재선됐지만 전체 야당 세력은 형편없이 오그라들었고 국회의장직도 내놓고 말았다.[11]

그는 공사생활에서 지극히 청렴의 극치를 보였다. 다음은 비서의 증언이다.

피란 중 부산에서 회색과 검은색 실로 섞어서 짠 홈스펀 양복감 두껍기가 소 덕석 같은 것 한 벌 감을 국회 사무처에서 배급받아 양복점에 맡겨 지어 입은 적이 있었는데 겨우 내내 이 한 벌로 그 이듬해, 또 그 이듬해, 3년·4년을 지냈다. 나중에는 안감이 해져서 사자털같이 너덜너덜하게 된 것을 그대로 입고 다니셨다.[12]

11 신정완, 『해공 그리고 아버지』, 111쪽.
12 신창현, 『해공 신익희』, 735쪽.

정계에 제시한 '정치가의 조건'

신익희는 1953년 국회의장의 신분으로 어중이떠중이가 날뛰는 정계에 '정치가의 조건'을 제시하였다.

제시한 정치인의 도리와 조건은 이와 같다.

자고自古로 동서고금을 통하여 교묘하게 사람을 속이기 위한 음모나 모략하는 술책을 항용 권모술수라고 하고, 사실이 아닌 못된 말을 퍼뜨려서 남을 헐뜯는 일, 남이 모르게 가만히 있는 사람을 못된 사람으로 만들기 위하여 꾸미는 잔꾀를 중상모략이라 한다.

우리나라 역사를 들추어보면 이러한 권모술수, 중상모략으로 상대를 쓰러뜨리고 혼자만 잘 살겠다고 하던 사람들, 결국은 조상에게 득죄하고 나라에 불충하고 소인 간신배로 낙인 찍혀 자손들에게까지 얼굴 들고 살지 못하게 한 사람이 얼마나 많았느냐, 예전이나 지금이나 정도를 걷는 사람만이 후세까지 칭송과 추앙을 받게 되는 법이다.

봉건사회에서는 '사랑방 정치'라 하여 몇몇 사람들만 모여 소곤소곤 일을 꾸미던 때도 있었다. 그러나 지금과 같은 민주정치제도 아래에서는 대중과 같이 호흡하고, 대중과 더불어 기쁨과 슬픔을 나누는 정치인이라야 하지, 그렇지 못하면 도태당하고 마는 법이다. 그러하니 유치한 장난으로는 통하지 않는다.

이 같은 대원칙에 이어 구체적인 방법론도 제시하였다.

첫째, 구족적具足的 덕성, 곧 사람으로서 마땅히 행해야 할 바른 도리와 어진 덕을 갖춘 올곧은 의식을 충분히 지녀야 한다. 이 덕성을 지니기 위해서는

1) 극기용인克己容人, 곧 제 욕심을 스스로 이지理智로써 억눌러 가며 너그러운 마음으로 남의 말을 인정하며 받아들여야 한다. 이것을 실천하려면 갖춰야 할 것이 있다.

㉠ 수예절守禮節, 곧 예의와 범절을 지켜야 한다.

㉡ 거사욕去私慾, 곧 제 욕심만을 차리는 염치없는 욕심은 버려야 한다.

㉢ 무교긍毋驕矜, 곧 건방지고 방자하고 거만하며 제 스스로를 높이고 자랑하는 것은 하지 말아야 한다.

㉣ 선양기善養氣, 곧 정신수양으로 타고난 심신의 정력 기르기를 즐겨해야 한다.

2) 명성종선明誠從善, 곧 착하고 좋은 일은 마음과 힘을 다하여 정성껏 좇으며 분명해야 한다.

3) 거청거간去聽祛間, 곧 반간反間, 사이를 멀어지게 만드는 이간하는 말은 물리치고 귀담아 듣지 말아야 한다.

4) 공심공념公心公念, 곧 사심 없는 떳떳하고 분명한 마음씨와 공평하고 치우침 없는 생각으로 처사에 임해야 한다.

그는 한서漢書『동중서전董仲舒傳』을 인용하여 "어떤 일을 함에 이해관계는 묻지 말고 마땅하고 떳떳한 옳은 일이면 실행하고, 이치에 맞고 사람이 마땅히 해야 할 일인 것이 분명하면 그 공을 계산

하지 말고 착수하라"라고 말한다.

둘째, 성취적 역량, 곧 일을 생각한 대로 목적한 대로 해낼 수 있는
능력을 가지고 망설이고 머뭇거리는 것 없이 추진력이 있어야 한다.
1) 행위독실, 곧 몸의 온갖 동작과 몸가짐은 진실성 있고 믿음직스
   럽고 인정 있고 친절하게 행동해야 한다.
2) 충실열성, 곧 마음가짐은 안류 없이 성실하게 하고 뜨거운 정성
   으로 일을 처리해야 한다.
3) 청찰민정, 곧 백성들의 안녕과 질서와 행복의 형편이 어떤가를
   살피고 들어보고 물어보고 해야 한다.
4) 개인생활의 평실, 곧 국민 개개인의 먹고 입고 살아가는 실속을
   골고루 옹골지고 탄탄하고 공평·균등하도록 만들어야 한다.

셋째로 탁월적 재식才識을 들지 않을 수 없다. 곧 사물을 분별할 수
있는 학식·견문·재주는 남보다 뛰어나야 한다. 그렇게 되기 위해
서는
1) 박학博學, 곧 학문을 널리 배우고 꾸준하게 학습하며 식견을 넓혀
   아는 것이 많아야 할 것이다.
2) 광문廣聞, 곧 여러 사람에게서 여러 가지를 널리 들어보고 알아보
   고 물어보아야 한다.
3) 지인知人, 곧 사람의 됨됨이를 알아보는 식견이 있어야 하는데 처
   음 만나는 사람일지라도 간교한지 우둔한지, 미련한지 교활한
   지, 유순한지 광폭한지, 총명한지, 경망한지, 음흉한지를 한눈에
   알아보는 지인지감知人之鑑을 가져야 하는데 이것은 정치하는 사

람으로서는 절대적인 조건이다.

4) 선언善言, 곧 말은 모나지 않고 경박하지 않고 수다스럽지 않고 부드러워야 하고 말솜씨가 좋아야 한다.

5) 원식遠識, 곧 앞일까지 헤아려 내다볼 수 있는 식견을 갖추어야 한다.

6) 이정理政, 곧 정치적인 정견으로, 시정 방책을 고치고 정리하고 바로잡고 하는 일은 이치와 도리에 합당하게 분별할 줄 알아야 한다.

넷째, 공평적 제재諸才, 곧 공정 무사하게 재주와 재량과 식견과 학식이 뛰어난 인재를 골고루 어느 한쪽에 치우치지 않고 모아들여 때와 장소에 따라 그 기량을 십분 유용하게 활용하고, 이러한 인사에게는

1) 치경진례致敬盡禮, 곧 경의를 표하고 예의를 다하여 대접해야 한다.

2) 분류배육分類培育, 곧 종류에 따라 분류하여 인재를 길러 앞날을 기약해야 함을 소홀히 생각하지 말아야 한다.

그 밖에도 '장기경험長其經驗', 곧 몸소 실제 겪고 다루어 얻은 경험을 존중하고 높이 사야 하며 '노기재간老其才幹', 곧 재주와 능력의 숙달을 인증하고 우대하여 중용해야 한다.

이상의 모든 조건을 겸비하기는 극히 어렵지만 여기에 가깝도록 마음에 두고 잊어버리지 않도록 수양하고 노력한다면 정경대도正經大道에서 비뚤어져나갈 리는 없을 것이다.[13]

---

13 같은 책, 696~701쪽, 발췌.

전통야당의 원조 민주당의 창당

자유당은 원내 절대다수 의석을 만든 여세를 몰아, 초대 대통령의 중임제한 규정을 삭제하여 이승만의 종신집권을 가능케 하는 개헌을 추진하고 나왔다. 오만·무례해진 자유당은 1954년 9월 27일 국회에서 개헌안을 변칙적으로 처리하는 폭거를 감행했다.

개헌안은 재적의원 203명 중 가 135표, 부 60표, 기권 7표로 개헌 정족수인 136표에 1표가 미달하여, 부결이 선포되었다. 그러나 자유당정권은 "국회의원 제적 203명의 3분의 2면 135.333…인데 0.333…이라는 소수점 이하의 숫자는 1인의 인간이 될 수 없으므로 사사오입하면 203명의 3분의 2는 135명이 된다"라는 억지 주장으로 이틀 후인 29일 부결 선포를 번복, 개헌안의 가결을 선포했다. 이 같은 '수학논법'은 서울대학의 최모 교수가 이승만 대통령에게 은밀히 제보한 것으로 이로써 악명 높은 '사사오입 개헌'

이 이루어졌다.

신익희는 이승만 대통령의 거듭되는 횡포와 헌정유린에 효율적으로 대처하고 수평적인 정권교체를 하기 위해, 1955년 9월 호헌동지회와 신당추진위원회를 구성하고 본격적인 창당작업에 들어갔다. 신당운동은 원내의 호헌동지회가 모체로 등장했으나, 민국당의 기성조직과 원내자유당·조민당·흥사단·혁신계 등 광범한 재야세력이 원외조직의 발판이 되었다.

이들은 정권유지를 위해 불법과 전횡을 일삼는 이승만 정권을 타도하는 것이 당면목표였기 때문에, 이념의 동질성과 정책의 공감에서 출발한 것이 아니라 우선 범야세력을 규합하는 하나의 정치결집체로서 출범한 것이다.

신당운동은 진보혁신 진영의 조봉암과 그동안 이승만의 수족 노릇을 해온 이범석·장택상의 참여문제를 둘러싸고 진통을 겪는 등 내부분란이 따랐다. 신당의 발기취지문을 기초하는 데서도 "수탈 없는 경제체제를 발전시켜야 한다"라는 혁신세력의 주장과 "소이를 버리고 대동에 따르며 호양지심으로 기성조직을 버리고 흔쾌히 결속할 것을 호소한다"라는 보수세력이 맞섰다.

범야세력을 총집결한다는 목표 아래 추진된 신당운동은 창당과정에서 보수세력의 자유민주파와 개혁세력의 민주대동파로 갈라지는 양상이었다. 따라서 민국당의 신익희·조병옥·윤보선, 원내자유당계의 장면·오위영, 무소속의 곽상훈·박순천, 조민당의 한근조 등이 주축이 되는 창당작업으로 진행되었다. 조봉암의 참여를 막은 것은 신익희의 평화통일론과 혁신노선 그리고 조병옥·김준연 등의 라이벌 의식 때문이었다.

이에 따라 조봉암·서상일 등은 별도로 혁신정당의 창당에 나서고, 장택상과 이범석은 제외되었으며, 이인·전진한·윤치영 등은 신당운동에 불참했다.

신당발기위원회는 1955년 9월 18일 전국대의원 2,013명이 참석한 가운데 서울 시공관에서 창당대회를 열어 선언문 및 강령·정책을 통과시키고 400명의 중앙위원을 선출했다. 중앙위원회는 대표최고위원으로 234표를 얻은 신익희를, 최고위원에 조병옥·장면·곽상훈·백남훈을 선출했다.

민주당 창당대회에서 채택한 창당선언문과 정강, 주요 정책은 다음과 같다.

창당선언문

민주정치의 요체는 2개 이상의 정당이 자유롭고 건전하게 병존 발전하여 호상 비판 견제함으로써 국리민복을 보장하고 국정에 대한 책임을 명백히 하는 동시에 국민의 의사에 따르는 정권의 원활한 이동으로써 정치의 광정과 청신을 기함에 있다. 그러나 우리의 현실은 실질적으로는 점차 거의 1당 전제 내지 관료독재의 방향으로 편향하는 형편에 있으며 더욱이 권력의 과도한 집중과 비민주적 남용은 필연적으로 국정의 혼란을 초래하여 민생의 도탄과 국위의 손상이 날로 그 도를 가하고 있음에도 국정에 대한 책임은 모호 애매하여 민주발전의 숙원은 한낱 환영에 그칠 것을 우려하지 않을 수 없는 바이다.

이에 우리 민주세력의 집결 강화만이 국정쇄신의 방도임을 확신하고 정치 면에서는 공산독재는 물론 어떠한 형태의 독재도 배격하는 동시에 국민에 대한 책임의 소재를 명백히 하며, 행정 면에서는 그 기구 개편과 인재 등용을 과감히 단행함으로써 행정의 능률화와 민주화를 도모하며, 경제 면에서는 우리 경제의 역사적 단계를 솔직히 파악하여 자유경쟁 원칙에 의한 생산의 증강을 도모하는 동시에 국민 특히 농민 대중과 근로층의 복리의 증강에 대한 강력한 시대적 요청에 부응하여 분배의 공정을 기하는 조치를 강구하며, 문화 면에서는 문화인과 문화계를 육성 보고하고 문화의 교류를 도모하여 세계 문화 발전에 기여하며, 국방과 외교 면에서는 우리의 실력을 민주우방과 제휴하되 '자유와 민주와 통일만이' 국제정의에 합치됨을 강력히 주장하는 바이다.

우리는 이 역사적 과업을 수행하기 위하여 호상 겸양으로써 기성 조직과 소절에 구애됨이 없이 혼연 결속하여 오늘 민주당을 결성하여 우리와 염원을 같이하는 국민 대중과 함께 과감한 전진을 계속하여 그 목적을 달성할 것을 만천하 동포에게 엄숙히 선언하는 바이니, 애국 동포 제현은 절대한 지지와 성원이 있기를 바라 마지않는 바이다.

| 정강 |

1. 일체의 독재주의를 배격하고 민주주의의 발전을 기한다.
2. 공정한 자유선거에 의한 대의정치와 내각책임제의 구현을 기한다.

3. 자유경제 원칙하에 생산을 증강하고 사회정의에 입각하여 공정한 분배로써 건전한 국민경제의 발전을 기하며, 특히 농민·근로자 기타 근로대중의 복지향상을 기한다.

4. 민족문화를 육성하며, 문화교류를 촉진하며, 세계문화의 발전에 공헌함을 기한다.

5. 국력의 신장과 민주우방과의 제휴로써 국토통일과 국제정의의 확립을 기한다.

| 정책 |

I. 호헌 준법정신의 구현.

I. 국민의 기본인권, 특히 언론·출판·집회의 자유 보장.

I. 선거에 의한 관권간섭의 배제.

I. 정당·사회·노동단체 및 경제단체의 관제화 배격.

I. 행정쇄신과 인재등용.

I. 공무원의 생활 및 신분보장과 그 정치화 방지(이하 생략).

민주당 창당은 그동안 개인의 인기만을 무기로 삼았던 무소속 정치인의 몰락과 정책정당의 탄생을 가져온 한국정치사의 전환을 이룬 계기가 되었다. 특히 이승만 정권에 대한 체계적인 비판과 견제에 나섬으로써 본격적인 양당체제의 확립에 기여했으며 수권대체세력으로 성장할 수 있는 발판을 만들었다.

이렇게 출발한 민주당은 지방조직을 급속도로 강화시켰다. 그러나 새로 출발한 민주당 내에는 민주계와 원내자유당계의 갈등

이 조성되어 신구파의 파벌이 형성되고, 1954년의 제3대 대통령
선거를 앞두고 극심한 대립과 암투가 벌어졌다.

민주당의 창당 당시의 부서와 책임자는 다음과 같다.

- 대표최고위원 | 신익희
- 최고위원 | 조병옥, 장면, 곽상훈, 백남훈
- 중앙상무위원회장 | 성원경
- 총무부장 | 홍익표   조사부장 | 최희송   조직부장 | 현석호
  부녀부장 | 박봉애   재정부장 | 이정래   청년부장 | 서범석
  선전부장 | 조재천   문화부장 | 이시목   섭외부장 | 정일형
  산업부장 | 서동진   훈련부장 | 조한백   농민부장 | 신각휴
  정책부장 | 한동석   노동부장 | 유진산   의원부장 | 윤보선
  어민부장 | 정재완 (각 부에 국局을 두었다)

민주당 후보로 외친 '못 살겠다 갈아보자'

대한민국 정당사에서 '못 살겠다 갈아보자'라는 민주당의 대선구
호가 최고의 걸작으로 꼽힌다. 두 번째는 '부자에게는 세금을, 서
민에게는 복지를, 청년에게는 일자리를'(2004년 민주노동당)이라는
구호를 들기도 한다.

1956년 5월 15일 실시된 제3대 대통령선거와 제4대 부통령선거
는 우리 헌정사상 처음으로 여야 후보가 국민 직선을 통해 대결하

는 '선거다운 선거'의 효시가 되었다.

집권당인 자유당은 이승만 대통령이 함량이 크게 부족한 측근 이기붕을 러닝메이트로 지명하고, 제1야당 민주당은 신익희 대통령후보에 장면 부통령후보를, 혁신계의 진보당은 조봉암과 박기출을 정·부통령후보로 각각 선출하여 대선 진용이 짜여졌다.

사사오입 개헌 파동으로 이승만의 3선 출마의 길을 튼 자유당은 공공연하게 이 대통령의 후계자로 등장한 이기붕을 러닝메이트로 묶어 당선시키기 위해 1년 반 동안에 걸쳐 정지작업을 진행해왔다. 다수의 문인·학자·언론인들이 이기붕의 호를 딴 '만송족'이 되어 그의 부통령 만들기에 동원되었다.

그러나 노회한 이승만은 3월 5일 실시된 자유당 지명대회에서 대통령후보로 지명을 받았음에도 불출마를 선언, "제3대 대통령에는 좀 더 연부역강한 인사가 나와 국토통일을 이룩해주기 바란다"라는 뜻을 밝혔다. 정치적인 위장 술책이었다.

이렇게 되자 자유당은 각종 관제민의를 동원하여 이승만의 번의를 촉구했다. 연일 경무대(청와대) 어귀에는 관제 데모대가 집결하여 이승만의 재출마를 탄원하는가 하면, 자유당 지방당부와 지방의회로부터 재출마를 간청하는 호소문·결의문·혈서가 답지했다.

그것도 부족하여 평소에는 서울시내의 통행을 규제해오던 우차와 마차를 총동원하여 "노동자들은 이 박사의 3선을 지지한다"라는 함성을 지르도록 하는 소위 '우의마의'까지 동원하여, 국제적인 웃음거리를 만들었다.

이때 시위에 참가한 사람이 연인원 500만 명, 연판장에 서명한 사람이 300만 명에 이르렀다. 물론 이들 역시 대부분 동원된 서명자들이었다. 당시 대한민국 유권자 총수와 맞먹는 수치였다.

이와 같이 관제민의 소동이 절정에 이르자 마침내 이승만은 3월 23일 담화를 통해 "민의에 양보하여 종전의 결의를 번복하고 대통령선거에 출마하기로 결심하였다"라고 밝히면서 선거전에 나서는 곡예를 부렸다.

민주당에서는 정·부통령후보 선출을 둘러싸고 심각한 갈등과 대립이 벌어졌다. 후보선정 과정에서 신익희(민국당 계열)와 장면 (원내자유당 계열)의 지지세력 사이에 심각한 대립이 나타났으며 부통령후보에는 장면·조병옥·김준연이 치열한 경합을 벌였다. 그 후 몇 차례의 타협 끝에 3월 29일 전국대의원대회에서 대통령후보에는 954표의 압도적 지지를 얻은 신익희가, 부통령후보에는 700여 표를 득표한 장면이 선출되었다.

신익희는 수락연설을 통해 "나라를 아끼는 동포들의 숙원과 이 뜻에 의해서 민주당이 지명한 민주 명령에 복종한 것입니다. 또한 그 명령에 복종함으로써 국민을 위하여 봉사할 것을 다짐합니다"라는 소견을 밝혔다.

혁신계에서는 진보당추진위원회에서 대통령후보에 조봉암, 부통령후보에 박기출을 내세웠다. 이렇게 하여 이승만·신익희·조봉암으로 압축된 제3대 정·부통령 선거전은 투표일인 5월 15일을 향해 서서히 열기가 달아오른 가운데 야권후보 단일화 운동이 추진되었다.

조봉암은 ① 책임정치의 수립, ② 수탈 없는 경제체제의 실현,

③ 평화통일의 성취 등 세 가지 정책을 신익희 후보가 수용하면 용퇴하겠다고 제의했다.

민주당에서는 야당 후보 단일화를 기피하고 있다는 인상을 주지 않기 위해 조봉암의 협상제의를 수락하고 ① 내각책임제와 경찰의 중립화, ② 유엔감시하의 남북한 총선거, ③ 경제조항의 재검토 등을 협상 조건으로 내걸고 야당연합전선을 위한 담판에 나섰다. 진보당은 막바지 회담에서 "진보당에서 대통령후보를 양보할 테니 민주당에서 부통령후보를 포기하라"라는 협상안을 제시하였다.

20여 일을 끈 두 야당의 협상이 지지부진한 채 5·15 선거전은 어느새 중반전에 접어들었다.

민주당은 선거구호를 '못 살겠다 갈아보자'로 내걸고 자유당의 실정과 독재, 부정부패를 공격하고 나서고, 자유당은 노골적으로 '구관이 명관이다', '갈아봤자 별 수 없다'는 등의 구호로 맞서면서 조직확장에 온 힘을 다했다.

앞에서 쓴 대로 이때 민주당의 선거 구호는 역대 선거사상 가장 탁월하고 시의에 적합했던 것으로, 정치에 무관심하던 국민들까지 투표장으로 불러오게 만들었다. 이 구호는 민주당 엄상섭 의원과 선전부장의 착상인 것으로 알려진다.

선거전은 날이 갈수록 격렬해졌다. 전국 각 도시는 말할 것도 없고 농촌에까지 민주당은 붐을 일으켜 지지자가 늘어나고, 정부 기관지를 제외한 대부분의 신문이 민주당에 동조하는 논조를 보이는 등 정권교체의 가능성이 급속히 확산되기 시작했다.

신익희와 장면의
정·부통령 후보
포스터(1956년).

포스터와 구호를
부착한 선거 유세
차량(1956년).

민심은 민주당 후보로 기울어

자유당이 풍족한 선거비용과 경찰 등 관의 비호를 받으면서 거미줄과 같은 지방조직을 갖춘 데 비해 신생정당 민주당은 후보의 유세 외에는 선거운동의 방법이 별로 없었다. 대통령후보 신익희와 부통령후보 장면은 권역별로 나누어 또는 함께 강연회를 열었다.

4월 11일 신익희의 첫 유세가 서울 수송국민(초등)학교 운동장에서 개최되었다. 3만여 명의 청중이 모여 정견을 듣고 환호하였다. 날로 인기가 치솟아 유세장마다 인산인해를 이루었다. 이승만 정권에 대한 이반 현상으로 신익희를 더욱 지지한 것으로 나타났다.

대구 수성천의 민주당 정·부통령후보 합동정견발표장에는 2만의 청중이 몰려 성황을 이루었다. 연설이 끝난 뒤 대구 유지들의 간담회에서 신익희는 공약을 밝혔다.

청주에서는 시에서 강연회장을 빌려주지 않아 비가 오는데도 무심천변에 임시강연회를 열기로 했다. 길목에는 정사복 경찰이 진을 치고 방해를 했지만 우산을 든 시민들이 꾸역꾸역 모여들었다. 신익희는 시민들의 이러한 성원에 감복하여 우산도 쓰지 않고 쏟아지는 빗줄기를 맞으며 연단에 올랐다.

정권은 마땅히 평화적으로 교체되어야만 합니다. 미천한 본인을 지지해 비바람을 무릅쓰고 모이신 여러분들은 여러분들의 소신껏 투표를 하리라 믿습니다. 호랑이 굴에 들어가도 정신만 차리면 살

수 있듯이 아무리 관이 탄압이 극심해도 우리가 제 정신으로 투표에 참여한다면, 민주주의는 기필코 승리하고야 말 것입니다.[1]

신익희 후보를 지지하는 민심은 경향이 다르지 않았다. 가는 곳마다 환호가 일었고 투표일이 가까워질수록 열기가 더욱 뜨거워졌다.

'못 살겠다 갈아보자!'라는 구호 아래 일당 독재를 타도하자는 해공의 사자후는 국민들로부터 절대적 지지를 받았고, 그의 인기는 하늘 드높이 치솟기만 했다. 해공과 운석의 초상화가 나붙은 선거 사무실에는 시골 아낙네들과 군인들까지도 몰려와 해공의 팸플릿과 사진을 요구하는 등 눈물겨운 정경은 연일 끊일 줄 몰랐다.

이제 대세는 완전히 해공에게 기울었고, 8년간이나 집권한 이 정권의 1인 체제는 바야흐로 종언을 고하는 듯했다. 그러한 분위기는 선거 유세의 중반전에 접어들면서부터는 더욱 백열화되어, 1956년 5월 3일 한강 백사장 정견 발표회에서 그 절정을 이루게 된다.[2]

강가로 소를 끌어갈 수는 있지만 강제로 소에게 물을 먹게 하기는 어렵다. 이미 민심이 떠난 자유당 정권은 선거운동 과정에서 무리수를 거듭했다.

---

1 해공 신익희 선생 기념사업회, 『해공 신익희 선생 연설집』(발췌).
2 유치송, 『해공 신익희 일대기』, 737쪽.

드디어 선거에 돌입하게 되는데, 이 선거에서 바람이 불었어요. 그 바람을 단적으로 보여주는 것이 서울 탑골공원 근처에 마이크를 달았는데, 야당 마이크 소리는 서로 들으려고 하는 반면 여당 마이크 소리는 안 들으려고 하는 거예요. 그래서 여당이 자기 마이크를 특별히 크게 틀어놓아 신경전이 벌어지기도 했습니다.

서울에서 세 당이 합동으로 찬조연설을 했어요. 민주당과 진보당은 열화와 같은 박수를 받았어요. 하지만 자유당 쪽에서 나온 대표가 일어서면 "우~" 하는 거예요. 명동에 있는 시공관에선가 그랬는데, 청중들의 "우~" 하는 야유와 함성 때문에 제대로 연설을 못하고 내려갔어요. 심상치가 않았습니다.[3]

30만 인파 앞에서 사자후를 토하며

1956년 5월 3일 화창한 봄날이었다. 오후 2시 한강 백사장에서 민주당 대통령후보 신익희와 부통령후보 장면의 정견발표가 예정되어 있었다. 오전부터 서울역에서 한강에 이르는 도로는 사람의 행렬로 가득했다. 그쪽으로 가는 전차와 버스는 초만원을 이루었다.

인파에 놀란 당국이 노량진행 전차의 운행을 중지시키고 뒤이어 버스와 택시도 중지시키자 시민들은 걸어서 한강 백사장으로 모여들었다. 정오가 지나면서 서울 시내에는 행인이 사라지고

3 서중석, 『대한민국 선거이야기』, 93쪽.

시장·백화점·극장 등도 한산해졌다.

5월 3일이었어요. 신익희의 연설을 들으려고 용산의 전차 정거
장부터 마비가 되다시피 해서, 걸어가면서 한강 백사장으로 몰려들
었어요.

지금 한강은 옛날 한강과 매우 다릅니다. 젊은 사람들은 서울도 옛
날 모습을 잘 모르지요. 백사장이 굉장히 넓었습니다. 한강 인도교
북쪽 백사장만 꽉 찬 게 아니라, 강 너머 흑석동 쪽에도 꽉 찼어요.

거기서 신익희가 기염을 토한 겁니다. 20만 명이라고 보도한 신
문도 있습니다만, 《동아일보》는 30만 명이라고 했어요. 그 당시 서
울 유권자가 70만 명쯤 됐을 거예요. 유권자의 절반은 아니더라도
3분의 1은 모였다고 볼 수 있습니다.[4]

산전수전을 다 겪은 신익희도 당국의 방해를 무릅쓰고 구름같
이 모여든 30만 시민을 보고 감격하지 않을 수 없었다. 한강 인도
교 아래 백사장 일대에는 대형 스피카 10대가 설치되고 만약의 사
태에 대비해 청년 당원들이 경비하고 있었다.

몹시 상기된 표정으로 단상에 올랐다. 우레와 같은 박수와 환성
이 한강 백사장을 진동시켰다. 마침내 생애 최대의 그리고 생애
마지막의 사자후가 터졌다. 한 시간 반 동안 진행된 신익희의 역
사적인 연설 중 주요 대목을 뽑는다.

4 같은 책, 95쪽.

1956년 5월 3일 한강 백사장에서 유세하는 신익희.

여러분! 이 한강 모래사장에 가득히 모여주신 친애하는 서울시
민! 동포! 동지 여러분! 나는 여러분이 아시다시피 해방이 되기 전
에 약 30년간이나 외국에 망명생활을 하던 사람의 하나로서 오랜
시간을 두고 본국 안에 살고 있는 부모·형제자매·동포·동지들이
그리워서 밤과 낮으로 눈물을 흘리고 한숨을 짓던 사람입니다.

오늘 이와 같이 많은 우리 동포·동지들을 이 한자리에서 대하게
되니, 감격은 무엇이라 말하기 어렵습니다. 더욱이 6·25 사변 때 우
리 전국 남녀 동포·동지들의 가슴속에 깊이 박힌 원한의 한강에서
이렇게 많이 만나 뵙게 되니 감개한 회포를 불금不禁하는 바입니다.

여러분! 우리는 40년 동안이나 두고 우리 전국 동포들 남녀·노유

를 막론하고 우리나라가 독립이 되어야 우리는 살겠다고 하였거니와, 참으로 우리는 오매지간寤寐之間에도 염원하고 축수하고 기다리던 나라의 독립, 국민의 자유를 제국주의를 응징하는 민주주의 국가의 승리로 말미암아 우리들이 찾은 지도 벌써 8년입니다. 일본제국주의 파멸에 이은 무조건 항복이라는 것이 있은 지 9년이나 되는 것을 기억하지만, 우리나라가 독립이 되어서 대한민국 정부가 수립된 지도 8년이 될 것입니다.

우리들의 살림살이 살아가는 형편이 어떠한 모양이었습니까? 이것이야말로 우리 전국 동포 동지들이 날마다 시간마다 꼬박꼬박 우리들이 몸소 겪고 몸소 지내 내려온 터인지라 여러분은 특별히 잘 기억하실 것입니다. 만일 우리들이 살아가는 이 모양 이 꼬락서니, 우리들이 40년 동안을 두고 주야로 원하고 바라던 독립! 이것이 결코 우리가 사는 꼬락서니가 이와 같으리라고 생각했던 것은 아닐 것입니다.

여러분! 이 이유가 무엇입니까? 세상만사가 이유 없는 일이 없습니다. 무슨 이유? 무슨 까닭? 이 까닭은 말하자면, 책임 맡아 나라 일하는 이들이 일 잘못해서 이 꼬락서니가 되었다는 결론입니다. 이것은 고래古來로부터 내려오는 정경대원正逕大原의 원칙일 것입니다.

국토는 양단된 채로 우리들이 사는 형편, 언제까지든지 우리가 이 모양으로 살아갈 수 있을까? 우리들은 어떻게 해서 이러한 고생에 파묻혀 있나?

여러분! 오직 우리나라 정치가 한 사람의 의사에 의한 1인 독재 정치로 여론을 다 무시하고 제 마음대로 제 뜻대로 함부로 비판이나 모든 가지의 체계 없는 생각이랑 정책이랑 함부로 거듭해서 불법이니 무법이니 위법이니 하는 것이 헌법을 무시하는 것을 비롯하여 큰 법률 작은 법률 지키지 않는 까닭에, 우리들의 도덕은 여지없이 타락되어서 사람인지 짐승인지 구별이 없는 여차한 형편으로 한심한 형편이 되어 있는 것이 아닙니까?

'국민이 잘 사는 민주정치'를 약속하고

신익희는 이승만정권의 독재와 부정부패, 그간의 반민족 사례를 들어 신랄하게 비판하고, 자신이 집권하면 어떤 일을 할 것인지 정책을 제시했다.

제일 먼저 중요한 줄거리를 말씀드리면 사람과 짐승의 구별은 도의·도덕에 있다는 것입니다. 우리의 목적이 사람 사는 보람 있게, 남부럽지 않게 남의 뒤에 떨어지지 않게 잘 살아가자는 것이 우리 전체의 목적이라면 우선 먼저 사람다운 표준을 세워야 할 것입니다. 양심 있고 올바르게 일하고, 사람 속이지 아니하고, 책임지고 모든 일을 틀리지 않게 해가자고 하는 사람들은 오늘날 이 세상에서 행세를 못하게 되는 처지입니다. 양심 떼서 선반에 올려놓고, 얼굴에다 강철을 뒤집어쓰고, 사람을 속이고 거짓말하고 도적질 잘하는 자들이 대도 활보하고 행세하고 꺼덕대고 지내는 세상입니다.

둘째로는 우리가 오늘날 살고 있는 이 나라는 옛날과 달라서 민주주의 나라입니다. 백성이 제일이요, 백성이 주장하는 나라인 것입니다.

그러므로 민주 국가에서 제일 우리들이 주의하는 것은 "법으로 다스리는 나라" 하는 것을 제일 먼저 주의를 하는 것입니다.

더군다나 옛날 지나간 시간에는 황제의 일언이 법률이라고 해서 지키지 않으면 모가지를 자르던 때도 있었지만, 오늘날 우리가 살고 있는 이 세상은 한 사람의 말이나, 요새 항상 보는 특명이니 무슨 명령이니 특권으로 무슨 명령한다, 유시諭示한다 하는 것이 법률을 못 당하는 것이며, 법률이야말로 반드시 우리들은 하는 일 못하는 일을 규정한다는 법치의 정신을 지키자는 것입니다.

그러므로 이 전 국민의 의사대로 국회에서 통과되는 것이 법률인데, 이 법률이야말로 대통령 되는 사람부터 저 길거리에서 지게를 지고 품삯을 지는 친구들에게 이르도록 남녀·노유, 부귀·빈천 아무 구별 없이 법률 앞에서는 다 만민이 평등으로 다 똑같이 지켜가야 된다는 것입니다. 우리나라 형편으로 이런 말을 하기가 나부터도 가슴이 쓰린 얘기입니다마는, 대한민국의 법률의 망網은 커다란 '독수리'는 물론이려니와 (까막까치) 제비까지도 뚫고 나가지만, 불쌍하게도 법망에 걸리는 것은 오직 (파리나) '모기'뿐이라 하는 얘기가 있는 것입니다.

다음 얘기할 것은 우리 동포들이 주야로 염원하고 있는 우리 국토의 통일, 우리 국가 재건에 선결 문제되는 이 남북통일의 문제.

산 사람을 비유한다면 한 허리 중간에다 바오라기로 잔뜩 동여매 놓고 밥 한 숟가락 물 한 모금 잘 내려가고 넘어갈 이치가 없는 것입니다. 오늘날 우리 형편으로서는 남쪽이 없이 북쪽이 살아가기 어렵고, 북쪽이 없이 또한 남쪽이 살 수 없는 것입니다. 조상 때부터 단일민족으로 정든 삼천리강산을 반쪽으로 나눌 수 없는 것도 또다시 말할 필요가 없는 것이지만, 현재 우리가 사는 경제 형편으로 본다 할지라도 남북이 통일되지 않는 한 제대로 우리의 행복스러운 생활을 해나가는 것이 불가능한 것입니다.

그러므로 우리는 남북을 통일하자는 것이 우리 민족의 제일 간절한 근본 과제인 것이고 의문인 것입니다. 이것은 모든 가지 일이 국내적 형편이나 국제적 형편에 알맞게 현실적으로 되도록 우리가 해가야 될 것은 물론입니다.

여러분! 우리는 뭐니 뭐니 다 얘기할 것 없이 우선 먼저 우리 국민이 잘 살아가도록 올바른 민주정치를 백성을 위하는 정치, 백성이 하나 정치, 백성의 정치라는 유명한 이상적인 민주정치, "정의를 내리고 이야기하는 실상 있는 이 진정한 민주정치"를 우리는 하나하나 실행함으로써 우리 전 국민이 마음으로 연구해서 "옳다! 우리 정부야말로 우리를 살게 하는 정부다", "우리는 정부 없이 살아갈 수 없구나", "이 정부야말로 과연 우리 정부다", 남녀·노유를 막론하고 이와 같은 신의와 이와 같은 대세가 우리 정부에 오도록 우리는 정치를 해야 한다는 것입니다.

이렇게 되면 북쪽의 공산 치하에서 신음하고 있는 수많은 이북 동포·동지들이 목을 길게 늘여서 목이 마르도록 하루 바삐 "백성을 위하는 우리의 정부, 대한민국, 우리 조국의 따뜻한 품 안으로 한시 바삐 들어가서 자유롭고 행복하게 살자"라는 터전을 우리 스스로가 만들어놓으면 어느 사람치고 자유 없고 구박받는 정치제도하에서 살겠다고 하겠습니까.

"대통령은 국민의 하인이다"

신익희는 25세 때 상하이 임시정부의 헌법인 '약헌'을 기초한 3인 중 한 사람으로서 민주공화제의 기틀을 마련한 사람이다. 그만큼 철저한 민주주의 신봉자였다. 그런데 해방된 조국에서 이승만 정권이 민주헌정을 짓밟는 처사에 도전하여 민주당을 창당하고, 당원들의 선택으로 대선후보가 되었다. 한강 백사장 연설 중에 대통령을 국민의 '하인'이라 지칭하면서, 집권하면 국민이 주인이 되는 진정한 민주주의를 지켜나가겠다는 대목은 많은 시민의 공감을 불러왔다.

그다음에 여러분! 오늘날 우리 민주국가의 형편은 지나간 세대와는 달라요. 대통령이 대단히 능력 있고, 자격 있고, 고귀한 듯한 지위에 있는 사람이지만, 민주국가에서 대통령을 무어라 그러는지 여러분들은 다 알고 계실 것입니다. '하인'이라고 불러요. '프레지던트'라고 불러요. '프레지던트'라는 말은 '심부름꾼'이 되는 '하인'이라는 말입니다.

그런데 대통령은 하인인데 대통령 이외의 사람들, 부장·차장·국장이니 과장이니 지사니 무슨 경찰국장이니 군수니 경찰서장이니 또 무엇이니 하는 사람들이 거 뭣일까요? 하인 중에도 자질구레한 새끼 하인들이다 이 말이에요. 그러므로 하인이란 말은 심부름꾼이 란 말을 비유로 얘기해보면 농사짓는 집은 머슴꾼 같은 것이고, 장 사하는 댁의 하인 같은 것입니다.

대통령이라고 하늘에서 떨어진 것도 아니고 땅에서 솟아난 것도 아니요, 그러므로 일 잘못하면 주인 되는 우리 국민들이 반드시 이 야기하고, 반드시 나무라고, 반드시 갈자는 이야기가 나온다 이런 말입니다. 여러분! 이것이야말로 당연한 일입니다. 주인 되는 사람 이 심부름하는 사람 청해놓았다가 잘못하면 "여보게 이 사람, 자네 일 잘 못하니 가소" 하는 것이 당연한 게 아니겠습니까?

요새 무슨 표어를 보면, '모시고' '받들고' '뭐고 뭐고' 여러 가지 이야기가 있습니다마는 다 봉건 잔재의 소리입니다. 모시기는 무슨 할아버지를 모십니까? 받들기는 뭐 상전을 받듭니까? 이러므로, 만 일 주인 되는 국민들이 언제나 "당신 일 잘 못했으니 그만 가소" 그 러면 두 마디 없이 "대단히 미안합니다. 나는 일 잘못했으니, 물러 가겠습니다" 하고 가야 합니다.

그런데 요새는 어떻게 되었는가 하면 "가거라" 하면 "가? 어딜 가. 날더러 가라고? 당치 못한 소리"… 거 좀 실례에 가까운 말이지 만, 농사짓는데 논 속에서 무슨 논을 갈든지 할 때 논 속에 많은 거 머리가 딱 달라붙으면 암만 떼려고 해도 자꾸 파고들어갑니다. 거 머리 달라붙듯이 딱 붙어 떨어지지 않습니다. 이 말이 통속적으로 얘기됐습니다만, 우리 민주당에서 정치적인 원칙으로 내각책임제 의 정치를 하자는 것이, 이 진리를 우리는 주장하자는 것입니다.

언제나 국민의 대표적인 국회에서 "당신 일 잘 못하니 정부 그만둬!" 그러면 당연히 책임지고 물러가야만 한다 이 말입니다. 그런데 요새 국회의 형편을 보면 한 당의 사람들이 굉장히 수효를 모아가지고 될 일도 손을 들고, 안 될 일에도 손을 들고, 그래가지고 전체의 올바른 사람들이 눈살을 찌푸리고 두통을 앓도록 하는 형편입니다.

쓸데없이 공연히 정부에서 괜찮게 하는 일에도 '가거라, 말아라' 하는 데에는 그것도 좀 어렵습니다. 그런 까닭에 말썽 많으면 가는 게 원칙이지만, 쓸데없이 공연한 험담이나 하고 가라고 하는 때에는 과연 이게 전 국민의 의사가 이런가, 아닌가? 그걸 또 알아보는 방식으로 해가지고 정부에서는 국회를 한 번은 해산시키는 권리를 가져야 한다는 것이 내각 책임제가 가지는 근본 뜻일 것입니다.[5]

---

5   해공 신익희 선생 기념사업회, 『해공 신익희 선생 연설집』(발췌).

63세, 호남선 열차에서 눈을 감다

한강 백사장의 30만 인파는 대통령 선거전의 히트작이었다. 신익
희도 놀라고 이승만도 놀라고 국민도 놀랐다. 민중의 용틀임이었
다. 자유당 정권의 공작이 강화되었는데, 그의 전셋집에는 각종
불온 문서가 투입되고 온갖 유언비어가 나돌았다.

신익희는 다시 지방유세에 들어갔다. 그동안 거듭되는 유세와
야당 후보 단일화를 위한 조봉암 진보당 후보와의 성과 없는 회담
등으로 몸이 많이 쇠약해졌지만, 지방의 당원과 국민들의 강연 요
청을 건강을 이유 삼아 멈출 수 없었다.

5월 5일 호남지방 유세 일정이 잡혀 있었다. 주위에서 만류했지
만 그는 멈추지 않았다. 다음은 딸의 기억이다.

다음 날, 바로 5월 4일엔 호남지방 강연 계획이 있었다. 이 계획
만은 무슨 예감에선지, 아니면 대세도 이미 돌아온 데다가 아버지

의 심신이 너무 피로하셨음을 느낀 때문인지 만류하는 사람이 많았다. 특히 집안 식구들은 하나같이 만류했다.

그러나 당의 일부에선 '호남지방이 아직 약하다'는 이유를 들어 강행하실 것을 주장했다. 이때 아버지는 모든 사람의 만류에도 불구하고 "내 몸은 이미 당에 맡긴 것이니 당명에 순응하겠다" 하고는 의연히 나서시며 식구들에겐 "당론으로 이미 결정해놓은 일이니 이번만 갔다 오고 다시는 안 갈 테니 너무 염려를 말라" 하고 위로의 말과 함께 떠나셨다. 평생을 험한 곳에서 생사의 위협을 이겨내오신 아버지인 데다가 한번 결정을 내리면 따르도록 돼 있는 식구들인지라 아무도 더는 입을 여는 사람도 없었다.[1]

5월 4일 밤 10시발 호남선 제33열차에는 신익희를 비롯하여 장면 부통령후보, 이들을 수행하는 몇 명의 당 간부가 탑승하였다. 그는 곧 5호차 침대에서 깊은 잠에 빠져들었다.

다음 날 새벽 30분경 열차가 강경江景을 지날 무렵이었다. 하단 침대에서 해공이 잠을 깼다. "창현아! 뒤지 어디 있느냐?" 그는 신 비서를 불렀다. 곧 잠옷 바람으로 경호순경 장연수·선대영의 부축을 받으며 열차 내 화장실에 다녀왔다.

그 사이에 해공의 바로 위층에서 잠자고 있던 운석이 내려와 조재천 대변인과 함께 해공에게 아침 인사를 하고, 해공 옆자리에 걸

---

1   신정완,『해공 그리고 아버지』, 118쪽.

터앉았다.

해공이 침대에 앉아 잠옷을 벗고, 와이셔츠로 갈아입은 뒤 나비넥타이를 매려 했다. 운석이 화장실 물이 안 나오자

"선생님, 세수를 하셔야죠. 그런데 물이 잘 안 나옵니다." 넌지시 말했다.

"뭐 급한 일도 아닌데 세수는… 이따 전주 가서 합시다"라고 대답하며, 해공은 하던 동작을 멈추지 않았다.

이때까지도 해공의 표정은 약간 피로한 빛만 감돌았을 뿐 별달리 고통스러워 보이지 않았다.

해공이 나비넥타이를 매려고 고개를 뒤고 젖히는 찰나였다. 옷깃을 바로잡으려는 듯 올린 손이 거기에 미치지 못했다. 그는 힘없이 머리를 떨구고, 보스턴백에 엎어져 목을 잡고 있었다. 상체를 앞으로 꺾은 채 그대로 쓰러졌다. 이렇게 저절로 숨졌다.

"아니, 선생님! 선생님!"

운석이 놀라 소리쳐 불렀지만 한번 넘어진 해공은 끝내 아무런 말도 없었다.[2]

거목은 이렇게 쓰러졌다. 유언 한마디 남길 틈이 없었다. 유언은 이틀 전 한강 백사장에서 30만 시민들에게 토한 사자후로 대신해도 될 것이었다. 그러나 헌정사상 최초의 수평적 정권교체를 꼭 열흘 남긴 채 주역이 사라짐으로써 한국현대사는 흑역사

----

2 유치송, 『해공 신익희 일대기』, 760~761쪽.

의 개막으로 드라마가 바뀌고 말았다.

개인의 운명이 역사의 운명으로 엮이게 되는 경우가 적지 않지만, 신익희의 돌연한 서거로 인해 한국의 민주주의가 오래 지체된 것은 비극이고 불행이었다. 63세, 한 일도 많았지만 앞으로 할 일이 많았던 그는 호남선 열차에서 눈을 감았다.

240만의 추모표가 쏟아지다

열차가 이리역에 도착하자 측근들이 급히 병원으로 이송했지만 그는 끝내 회생하지 못했다. 의사는 뇌일혈 또는 심장마비라고 진단하였다. 5월 5일 어린이날, 유해를 실은 구급차는 궂은 비 내리는 이리 → 강경 → 논산 → 공주 → 금강 → 조치원 → 수원을 거쳐 서울역에 도착했다. 가는 곳곳마다 서거 소식을 듣고 뛰어나온 시민들로 가득했다.

오후 4시경 서울역에 도착했을 때는 비가 억수같이 쏟아졌다. 빗속에서도 수많은 시민들이 유해차를 둘러싸고 울부짖었다. 서울역 광장에서 시청 앞 세종로는 인파로 뒤덮였다. 일부 시민들이 "유해를 경무대에 안치하자", "이승만 정권을 타도하자"를 외치며, 중앙청에서 효자동 쪽으로 전진했다.

민주당 간부들과 측근들에 의해 유해는 효자동 셋집까지 2시간이 걸려 어렵사리 도착했으나 경무대 앞으로 집결한 학생·시민들은 격렬한 시위를 벌였다. 이를 경찰이 제지하면서 투석전이 벌어지고 경찰의 발포로 여러 사람이 쓰러지고 사망자도 생겼다. 4·19 혁명의 예고편이었다.

다음 날 경찰은 '경무대 앞 충돌사건'으로 사망 2명, 부상으로 입원 18명, 경상자 8명, 경찰과 헌병대에 의해 검거된 사람이 700여 명이라 밝혔다. 구속되었다 풀려난 학생·청년들은 뒷날 '5·5 의거 동지회'를 조직하고, 이들 중 민주당에 참여하거나 학생운동의 지도자가 되었다.

장례식은 사회장으로 준비되다가 국회에서 국민장으로 치르기로 결의함에 따라 5월 23일 서울운동장에서 거행키로 하였다. 장례식이 늦어진 것은 5월 15일 정·부통령 선거 때문이었다. 대통령 당선이 유력시되던 신익희 후보가 서거한 뒤 실시한 투표에서 총투표자 906만 7,000여 표 중 유효 721만여 표, 무효 185만 6,800표, 기권 54만 표, 무효표와 기권표를 합하면 239만 6,000여 표가 신익희의 추모 표였다. 이승만 500만 표, 조봉암 216만 표를 두고 볼 때 그가 살아서 투표가 이루어졌다면 능히 이승만을 압도했을 것이라는 분석이었다. 서울에서 이승만은 20만여 표밖에 안 되는데 추모표가 28만여 표에 이르렀다. 살아 있는 대통령보다 죽은 후보의 추모표가 더 많이 나온 것이다. 장면 민주당 부통령후보는 거뜬히 당선되었다.

유해가 안치된 효자동 상가에는 연일 조문하는 시민들의 행렬이 줄을 이었다. 고인과 동향이자 한성외국어학교 동창으로 국어학자인 이희승의 「해공의 급서를 애통함」이란 추도사는 조문객의 심금을 울렸다.

해공의 급서를 애통함

어이! 어이!

해공 형이여! 신익희 형이여!

형이 가셨단 말이 정말이요? 참말이요? 호외가 잘못이 아니오? 오보가 아니오? 아아! 5월 5일 오전 다섯 시! 이 무슨 기구한 시간이며, 이 어인 얄미운 시간인고? 추야월秋夜月 아닌 초하初夏의 새벽에, 오장원五丈原 아닌 이리행裡里行 차 중에서, 우리 민중의 친구요 미래의 대통령인 해공 신익희 선생의 장성將星은 그만 떨어지고 말았단 말인가? 떨어지되 어떻게 이다지도 허무하게, 그리고 이다지도 안타깝게 진단 말이요? 때를 가리되 어떻게 이다지 적종하게 그리고 이다지 원통한 때를 가리어진단 말이요?

형이 가신 일은, 형 일 개인에 관한 일이 아니요, 형의 가족의 애절에 한한 일이 아니요, 그리고 우리 동창과 친우들의 비통에만 한한 일도 아니요, 전 국민 전 민족이 호천곡지號天哭地하여 몸부림치는 줄을 알기나 하고 가셨나이까? 필부필부匹夫匹婦와 초동목수樵童牧竪까지라도 모두 형의 관棺 머리에 매어 달리려 덤비고, 형을 운구하는 길에 느끼어 눈물을 흘리며 뒤따르는 것을 보시고, 발길이 차마 어이 돌아서더이까?

한강 백사장의 그 많은 군중을 둔연頓然히 잊어버리고 가셨소? 무엇 때문에 수십만 군중이 형의 경해謦咳에 접하려 하는 것을 잘 아실 것 아니오? 아마 형도 뒤에 남아 있는 우리의 비통 못지않은 원한을 가슴에 품고 가셨으리라.

형은 신언서판을 구비한 호인물이었고. 늠름한 호걸이었소. 그러나 그 군중은 형의 풍채를 사모하였던 것이 아니오. 형의 구변에 매혹되었던 것도 아니오. 또 형의 필재를 애호하는 생각으로도 아니오. 물론 이러한 점도 전연 몰각된 것은 아니리다. 그러나 국가 민족에 대한 형의 분골쇄신적 충성, 통일·자유를 위한 형의 불요불굴의 금강심金剛心, 시사時事·세정世情에 대한 형의 투철명석한 판단력, 이 모든 사실을 63세라는 형의 인생 노정路程이 우리에게 생생하게 보여주었기 때문에, 일반 민중이 형을 암야暗夜의 명촉明燭과 같이, 미진迷津의 보아寶我와 같이, 노옥老屋의 지주支柱같이, 적전敵前의 철성鐵城같이, 믿고, 바라고 의지하였던 것이 아닌가요?

형은 이러한 민중의 신망과 의뢰依賴와 갈구에 부응하기 위하여, 60 평생을 국내에서 혹은 해외에서 형극과 고초를 달게 여기며, 파란과 장애를 돌파하면서 초지일관, 철두철미, 불파불멸不破不滅을 계속하여온 것이 아니던가요? 민중의 여망이 어찌 우연의 소치이며, 일시적 흥분에서 나온 것이라 하리까?

형은 일찍이 누구에게도 노색怒色을 보인 일이 없었소. 해활천공海闊天空의 대도량의 주인공이 아니시오? (…)

형의 지취志趣야 변할 리 있으며, 소관사所關事야 바뀔 수 있었으리까? (…) 한결같은 정치인으로서 호국 투사로서 시종일관하여, 필경은 야당의 대통령 입후보자로 출마하였다가 선거를 겨우 열흘 앞둔 5월 5일에 거연遽然히 급서하시다니, 모두가 꿈만 같고 거짓말 같소이다. 대체 이것이 무슨 일이요? 하늘이 이다지 이 나라 이 백성을 미워하고 박대하시는 것입니까?

이럴 줄 알았더라면, 형과 좀 더 자주 면접하였을 걸. 형은 국사國

事를 위하여 안비막개眼鼻莫開하였었고, 나는 속무俗務에 시달려 골몰무가汨沒無暇한 탓으로 1년에 서너 차례 만나기도 쉽지 못하였던 것이오. 그러나 옛날 학창시대의 형의 언행거지言行擧止가 이제 새삼스럽게 눈 속에 되살아남을 절절히 느낄 뿐 아니라, 대인군자大人君子의 근자近者의 모습이 눈앞에 생생히 나타나고, 그 정중 근엄한 음성이 고막을 쟁쟁히 두드리니, 진정 안타까와 견딜 수 없소그려. 지금 이 시각에도 형이 효자동 사저私邸에서 망중忙中에 흥겨워하는 듯하며, 정당 사무실에서 대인접물待人接物에 파안일소破顔一笑로 담론에 열중하시는 듯하구려.

아무래도 형이 타계하였다는 것은 믿어지지 않고, 거짓말 같기만 하구려. 이 세상 어느 구석을 뒤지면, 형의 광안光顔을 다시 한 번 뵈오리까? 원통하고 억울한지고. 인생의 무상이여! 천도의 무심이여! 그러나 형은 잘 아시리다. 육신의 인간은 일시의 가탁假托이요, 심령과 이상이 영원의 생명인 것을. 계계승승繼繼承承 무궁히 걸어오는 후래後來의 인간들 마음속에, 깊이 심어줄 수 있는 정신과 주의主義가 진정한 의미의 생명이요 또한 영생인 것을 형은 너무도 잘 알고 계시리다. 그리하여, 모든 것을 달관하고 계시리다.

부디 명목瞑目하시어 선복仙福을 면면綿綿히 누리시오. 그리고 이 땅의 무리도 굽어 살피시오. 형의 이상을 이어 받들고, 형을 태양같이 앙모仰慕하여 마지않는 이 무리에게도 명우冥佑를 내리시오.

해공 형이여! 안면安眠하시라. 신익희 형이여! 어이 어이! 어이 어이!

1956년 5월 6일 효자동 자택에 안치한 영구靈柩 앞에 엎드려

일석一石 아우는 원통히 곡하노라[3]

신익희 선생 국민장. 한국정책방송원KTV 자료.

3   같은 책, 778~779쪽.

눈물바다가 된 영결식

5월 23일 오전 11시 서울운동장에서 해공 신익희 선생 국민장 영
결식이 거행되었다. 장례위원장 함태영 부통령의 식사에 이어 각
계 인사들의 헌화, 김병로 대법원장 등의 추모사가 있었다. 곽상
훈 민주당 임시대표최고위원은 조사 도중에 목이 메어 끝내 울음
을 터뜨렸다.

해공 선생은 60 평생을 조국 독립과 민족 자유를 전취하는 투쟁
에 바치었으니, 파란 많던 이 나라 국정과 함께 선생의 일생 또한
험난 그것이었습니다.

선생은 이번 정·부통령 선거에 있어서는 한국의 민주정치와 책
임정치를 확립하여주기를 열망하는 국민의 여망을 지니고 대통령
후보로 출마하시어, 선생의 포부와 경륜을 듣고자 하는 국민의 염
원에 보답하기 위하여 과로를 무릅쓰고 각 지방으로 유세 중에 홀
연히 장서長逝하시었습니다.

선생의 비보가 한번 세상에 전해지자 선생을 생전에 알던 이, 모
르던 이를 막론하고 어떠한 궁항벽촌에서까지 남녀노소가 마치 혈
육의 지친至親을 잃은 듯이 땅을 치고 통곡하였습니다.

아아. 말은 한恨이 있으나, 애통의 정情은 한이 없습니다. 선생의
필생의 염원이던 자유 한국의 전취를 위하여 남은 국민은 더욱 분
투할 것을 선생 영전에 맹세하면서 삼가 선생의 명복을 빌며, 이 조
사를 드리나이다.[4]

유족과 당 간부, 일반인의 순서로 분향이 시작되었다. 이어서
시인 조지훈이 짓고 나운영이 작곡한 조가를 양정고등학생들의
주악에 맞춰 동덕여고 합창단이 불렀다.

1) 초목도 울었어라
    임 가시던 그날이여
    강산에 비바람치고
    백성은 목 놓아 통곡했네
    온 겨레 우국단심
    불붙는 마당에
    임이 가다니
    이 나라 새 기운에
    앞장서신 그 이름
    아, 해공 선생.

2) 하늘도 무심해라
    임 가시는 이날이여
    땅을 치고 몸부림해도
    천지는 아득히 말이 없네
    온 겨레 환호 소리
    터지는 마당에

---

4 《경향신문》(1956년 5월 24일).

임이 가다니

이역풍상에도

꿋꿋하던 그 모습

아, 해공 선생.

후렴) 회천回天 큰 사업을

못 다 이루고

눈감으셨다

맘 있는 사람들은

길이 두고 울리라

길이 두고 울리라.

　영결식을 마치고 장의행렬은 그동안 몸담았던 국회의사당을 지
나 수유동 북쪽 기슭에 자리한 장지로 향하였다. 여전히 수많은
시민이 장의행렬을 뒤따랐으며, 오후 5시 15분경 태극기에 쌓인
선생의 관 위로 흙이 덮일 때마다 시민들의 호곡소리가 불암산과
백운대에 메아리쳤다.
　유림의 거목이자 독립운동가 심산 김창숙은 의미 깊은 「한 사
람의 환성歡聲」을 발표하였다.

그대가 살아 있을 때

만인이 우러러보았고

그대가 떠나간 지금

만인이 울고 있소
한 사람만은 환성을 지르고 있으니
어찌하여 그는 홀로 환성을 지를까
이제부터 독재는 지속되겠고
독재는 비록 스스로가 누리겠지만
천하의 이목耳目은
가리기 어려우리라
황하黃河의 물은 어느 때나
맑아질 것이며
밝은 하늘은
어느 때나 회복될 것인가
늙은 이 몸
죽지 못하는 한탄한탄하며
그대를 보내는 이 순간
한없는 눈물을 흘림이여.[5]

해공 선생이 호남선 열차에서 서거하면서 세간에서는 가수 손
인호가 부른 「비 내리는 호남선」이란 노래가 널리 퍼졌다. 애초
이 노래는 해공 서거 3개월 전 호남선을 배경으로 박춘석 작곡, 손
로원 작사로 손인호가 부른 노래였는데, 해공 선생의 서거를 상징
하는 듯한 노래가사로 차용되면서 널리 유행을 타게 되었다. 작

5   유치송, 『해공 신익희 일대기』, 787~788쪽, 재인용.

곡·작사·가수가 한때 경찰에 연행되기도 하였다.

비 내리는 호남선

목이 메인 이별가를 불러야 옳으냐
돌아서서 피눈물을 흘려야 옳으냐
사랑이란 이런가요 비 내리는 호남선에
헤어지던 그 인사가 야속도 하더란다.

다시 못 올 그 날짜를 믿어야 옳으냐
속는 줄을 알면서도 속아야 옳으냐
죄도 많은 청춘이냐 비 내리는 호남선에
지나가는 열차마다 원수와 같더란다.

최고훈장 추서, 묘소에 비석을 세우고

정부는 1962년 3월 해공 선생에게 최고훈장인 대한민국건국장
을 추서하고, 딸 신정완 씨 는 1968년 3·1절에 독립유공자로 인정
되어 대통령 표창을 받은 데 이어 1980년 광복절에는 대통령 건국
표창을 받았다. 부녀가 독립운동으로 서훈·표창을 받기는 드문
일이다.

1960년 4·19 혁명으로 이승만 정권이 쫓겨나면서 해공 선생 동
상건립위원회가 결성되고, 1962년 우이동 산소에 묘비가 세워졌

다. 비문은 정인서가 짓고 글씨는 아들 하균이 썼다.

해공 신익희 선생 비문

경술국치로 우리나라의 강토가 왜구에 병탄된 지 30여 년 동안 충의절사로 그 일신을 버리고 가정을 잊으며, 나라의 주권을 회복하려는 이들이 이루 헤아릴 수 없이 많은데 영웅호걸의 기상이 넘치며 빼어나고 두드러진 인재 가운데 해공 선생을 넘어설 사람은 없다. 공의 휘는 익희이고, 자는 여구인데 관향이 평산이며, 해공은 그의 자호다.

10세에 경사에 통달하고 성장하며 어린 몸에도 큰 뜻이 담겨 있어 늘 말하기를 "대장부가 어찌 초목과 같이 썩을 수 있으랴" 하였다. 드디어 고향을 떠나 상경하여 신학문을 탐구하며 연찬하는 가운데 영어를 전공하였다. 이어 도쿄에 유학해서는 정치·경제학을 깊이 연수하며 유학 시절 늘 학업의 길을 닦으면서 국권회복 운동에 앞장섰다. 학문을 크게 이루고 조국의 품에 안기자 보성전문스승에 취임하고 구국하는 일념에 사무쳐 광복 대업의 크나큰 뜻을 펼치기에 죽음으로 맹세하여 밤낮으로 게으름이 없었다.

제1차 세계대전이 이미 끝나고 1919년에 파리에서 강화회의가 열려 민족자결주의가 제창됨에 공과 동지들은 민족 자결의 대책을 세워 논의하였다. 한 토막의 쇠붙이도 없지만, 맨주먹으로 항쟁해 나가고자 먼저 「독립선언서」를 작성하기로 의논이 되어 천하에 선망이 떨치도록 하고, 서로 이 시기에 호응하여 서둘러 그 방법을 꾀하기로 이미 결정을 보아 드디어 일할 인물을 암암리에 찾아, 「선언서」에 서명키로 뜻을 모았다.

이때 육당 최남선이 「선언서」 글을 쓰게 하고, 아울러 이를 널리 전파하면서 민족운동을 전개할 만반의 대책을 세웠다. 공은 해외에 파견되어 동지들을 규합하며 나라 안팎이 이에 호응하도록 주선하기로 중론이 모아져 민족대표 33인에 서명하지 아니하고 이러한 거사를 맡게 되었다.

공은 이러한 해외 활동의 사명을 받들어 만주를 거쳐 베이징과 상하이 등지를 떠돌며 활동하기 수개월 만에 다시 고국에 돌아왔는데 그날이 바로 3월 3일이었다. 온 국민이 지역마다 벌떼같이 일어나 독립만세 운동이 쉴 줄 모름에 일제는 간담이 서늘하여 놀람을 금치 못한 나머지 강경한 탄압책을 써서 의로운 민중과 지사들을 무참히 투옥하며 그 만행은 이루 다 헤아릴 수 없었다.

공은 촌부로 가장하고 다시 상하이에 이르러 국외 망명 독립운동지사들과 만나 임시정부를 창립하고 만방에 이를 널리 알림과 동시에 파리강화회의에 특사를 파견하여 민족자결의 길을 촉구하게 했다.

공은 내무총장 대리, 외무총장 대리, 그리고 국무원 비서장 등 직책을 역임하였는데 일찍이 말하기를 "나라의 독립을 쟁취하기 위해서는 피를 흘림이 아낌없어야 대업을 성취할 수 있다. 일본이 이미 한국을 강탈하였는데 이제 중화민국의 정세 또한 입술이 망해 이가 추위에 떨기로는 그 아픔과 우려됨이 서로 같은 관계에 있다. 중국과 더불어 군사력 등 힘을 모으지 않고는 실효를 거두기가 어렵다."

공은 이러한 주장을 관철하고자 중원 남북을 떠돌면서 중국의 혁명가 여러 인사들을 찾아가 그 방책을 설득하던 차 마침내 도쿄 유학 시절 학우 후징이胡景翼(호경익) 장군과 만나게 되었다. 그는 당시 중국 국민당 제2군 장성이었다. 한·중 합작의 도움을 얻어 그 군벌의 육군중장에 임명된 공은 한·중 청년들을 정선하여 분용대를 편성하여 강훈련을 하던 중 대업 추진에 앞서 후징이가 갑자기 병사함에 이 계획은 종내 수포로 돌아갔다.

1931년 9월 일본제국주의 군대가 만주를 침략하여 점령할 획책을 꾸몄다. 공은 상하이 임시정부로 돌아와 내무부장에 다시 취임하였는데 이때 일본군은 이미 만주를 점거하고 이듬해 상하이에 육박해 왔다. 1937년 가을 다시 베이징을 침략하여 중일전쟁이 일어나게 되었다.

공은 이에 중국 각처를 편답하며 독립운동을 전개할 동지를 규합하여 항전을 도왔는데 무릇 황허를 7차나 건너고, 양쯔강을 5차나 섭렵하는가 하면, 윈난성雲南省(운남성)·구이저우성 등 여러 곳을 떠돌며 의혈로 마음이 끓어오르는 가운데 수족이 으스러질 지경으로 몰두하는 나날이었다. 일본군은 그 세력이 점차 팽창하여 난징마저 함락하려 할 때 우리 임시정부는 중국 정부를 따라 충칭으로 옮겨가 지구전을 펼 태세였다.

1939년 제2차 세계대전이 계속 발발하여 일제는 독일·이태리 등과 서로 결맹하여 정세는 악화되고 창궐할 즈음 미국·영국·불란서·소련·중국 등 여러 나라 정의의 장수들과는 함께 겨룰 수 없는 전세여서 마침내 1945년 8월 일본 군국주의 무리는 항복하기에 이르렀으며, 우리나라는 백일하에 광복을 맞이할 수 있었다.

8월 15일 그러나 미·소 양군이 우리 강역에 한결같이 진주하여 남북으로 분단하고 각기 군정을 실시했다.

임시정부 요인들은 미군의 도움으로 고국에 돌아오게 되었다. 공도 환국하였는데 그 뒤 신탁통치 반대운동에 혼신의 힘을 기울이는 한편 정치공작대 등 반공단체를 조직하며 완전독립을 실현하기 위하여 남김없이 힘을 쏟았다. 미·소 양국 회의가 열려 남북한 통일정부 수립을 획책했으나, 뜻을 이루지 못한 채 중단되고 말았다.

1948년 유엔의 결의로 남한의 총선거부터 먼저 실시하게 되자 공은 고향인 경기도 광주군에 입후보하여 무투표 당선되었다. 국회가 개원된 후 공은 의장에 선출되어 새 정부 수립에 헌신, 제헌국회의 기틀을 다졌고, 그 후 두 차례 국회의원에 거듭 당선되어 세 차례 국회의장에 선출되었다.

1950년 6·25 공산군의 불법 남침으로 정부가 부산에 3년간 내려가 있다가 전란이 평정됨에 환도가 시작되었다. 그런데 이승만 대통령은 전제정치를 멋대로 자행하여 아부세력이 횡행하기 이를 데 없어 공은 의장 재임 6년 동안 이를 바로잡는 데 심혈을 다해야 했다.

1950년 5월 3대 대통령 선거가 실시됨에 민주당은 공을 대통령 후보를 추대하고, 5월 3일 한강 백사장에서 유세를 개최하였다. 생업을 전폐하다시피 하고 유세장에 몰려든 시민들이 삼사십 만 넘었는데 이때 63세인 공은 과로가 극심한 상태였다. 이어 호남지방 선거 유세차 5일 이리에 이르렀을 때 홀연 열차 내에서 불귀의 객이 되었다. 공의 급서 비보에 나라 전체가 놀라 통곡을 금치 못했으며, 영구차가 서울에 돌아올 때 장안이 기울 만큼 시민들이 나와서 맞이하였다. 서울역에서 효자동 자택에 이를 때 흐느끼는 인파 대열로 영구차가 움직이기 어려울 지경이었다. 거족적인 국민장을 거행하고, 서울 근교 우이동 산기슭 경좌에 안장했는데 회장자는 무려 1백만이나 되었다.

공이 서거한 뒤 1960년 4월 학생의거가 일어나 독재정권은 비록 축출했지만 정국은 안정되지 못하던 중, 이듬해 5월 군사정변이 다시 일어나 이러한 소용돌이 속에서 나라는 결코 편안한 날이 없었다. 국민들이 공을 그리워하며 우려를 금치 못했다.

1962년 3월 공은 건국의 위대한 공로로 중장에 추서되었다.

평산 신씨는 고려 태사 장절공 휘 숭겸으로부터 현관대작 벼슬이 이어져 내려오기를 시작으로 1천 년 동안 국내 명문거족이 되었다. 11세조 충장공 신립 장군과 그 계씨 신길 모두가 임진왜란 때 나라를 위해 순절하였으며, 고조 신대우 또한 문장으로 당대를 풍미하여 세칭 원구 선생으로 알려졌는데 음직 벼슬이 아경에 이르렀다. 증조 효헌공 신순은 문과에 급제하여 지중추에 오르고, 그 중씨 신작과 함께 가학을 계승하여 성명을 누렸다. 조부 신명호는 현감을 지냈는데 덕치로 칭송이 자자했다.

선고는 신단申檀인데 문과에 급제하여 청화를 밝히다가 서울 동녘 깊은 골짜기에 홍천취벽이라 하고 은거하였는데 사실은 서울의 명승지였다. 중년 이후 세상 일이 점점 그릇되어감을 보고 경기도 광주 본향에 돌아와 살면서 만년에 장례원경을 지냈다. 사람들마다 맑고 조촐한 인품이라 해서 근세 사대부 집으로 알려졌으며, 문학과 청덕으로 명문을 이루었다.

공의 집안은 윗대로부터 이름을 떨치며 공으로 하여금 충의의 천성을 낮게 했고, 또한 가정생활을 통하여 이를 본받게 했다.

영식 신하균은 공을 계승하여 국회의원으로 그 이름이 알려져 있다. 1백 년 이래 격변이 우심할수록 명문 세가로서 그 이름이 떨어지기 다한 데가 얼마나 많으랴만, 공의 집안만은 의연하다. 이에 감동이 없지 않다.

일전에 하균이 나를 찾아와 묘표를 청함에 나로서는 가까이 알고 지내오며 정으로써 지낼 뿐 글로써는 되지 아니한 줄로 아나 이렇게 쓰기에 이르렀다.

애석하다. 인생은 소지를 펼치기 어려우며, 사람들과 아울러 단 하루인들 편안하게 살기 또한 어렵다. 이 육신 모습 거둔 뒤 다시금 아름다운 글을 얻기 어려울 바에는 한평생 노작으로 짓기를 다하리라 했다. 나라를 위하여 물불 아끼지 않고, 이나마 후세에 전하고자 나와 같이 글에 소양이 없으면서도 이 글을 초함은 감격스러울 뿐이며, 또 부끄러울 뿐이다.

1962년 동래 정인서 짓고, 아들 신하균 쓰다

국민대 교정에 동상이 서다

해공 선생 탄생 90주년인 1983년 7월 11일 국민대학교 교정에 '해공 신익희 선생 동상'이 세워지고, 1987년 5월 5일 남한산성 입구에 '해공 신익희 선생 추모비'가 건립되었다.

경기도는 1988년 8월 16일 경기도 광주군 초월면 서하리 160-1

의 생가를 경기도 향토유적 제4호로 지정했다.

국회사무처는 2000년 5월 10일 국회의사당 중앙홀에 '해공 신익희 의장 동상'을 건립했으며, 같은 날 경기도는 선생의 출생지 마을에서 남한산성으로 가는 길을 '해공로海公路'로 명명하고 동상을 세웠다. 강동구청에서는 2001년 강동구 천호동 448-49 마을마당에 '해공 신익희 선생 동상'을 세운 데 이어 2002년부터 '해공문화상'을 제정, 시상하고 있다.

해공 선생 기념사업회는 기념관 건립을 위하여 2004~2006년 국가보훈처와 서울특별시의 지원과 자체 모금으로 효자동 164~15호, 효자동 168번지 주택을 매입하고, 2007년 3월 서울시의 예산지원과 종로구청의 시행으로 선생의 낡은 고택을 중수하였다. 전국경제인연합회의 보조로 2009년 9월에 중수가 완료되었다.

1996년 4월 기념사업회를 사단법인으로 등록하고 회장에 유치송 전前 민한당 총재를 선임하였다. 2010년 3월 임원진을 개편, 회장에 남덕우 전 국무총리, 2013년 그의 사망으로 이용곤 상근부회장의 직무대행, 2014년 3월 박관용 전국회의장에 이어 2018년 11월 현승일 전 국민대학교 총장을 10대 회장으로 선출하였다.

기념사업회는 해마다 기일이면 추모식을 갖고 선생의 위업을 기렸다. 특히 50주기인 2006년 5월에는 김원기 국회의장의 주관으로 헌정기념관에서 많은 후배 의원들이 참석한 가운데 추모식을 거행하였다. 또한 선생의 사상과 독립운동을 탐구하는 각종 학술심포지엄을 열었다.

동상건립위원회가 결성되고 1983년에는 국민대학교 교정에 해공 선생 동상이 건립되었다. 남덕우가 찬하고 엄태정이 조각한 우람한 동상이 세워졌다.

동상명

해공 신익희 선생은 20세기 전반기의 우리 역사상 가장 뛰어난 지도자 중의 한 분이시다. 해공 선생께서는 일찍이 우리 겨레가 인국隣國에게 국권을 빼앗겼을 때 해외에서 독립운동에 반생을 바치시고, 광복 후에는 건국대업과 헌정 확립에 여생을 바치시되, 어떠한 경우에도 민주주의의 대의大義를 지키셨다.

한편 해공 선생께서는 학생들이 학교를 집으로 삼아 면학에 전념하는 것이 구국의 길임을 강조하시고, 학문의 응용應用과 실천實踐을 중시하셨다.

이제 우리들은 해공 선생께서 우리 겨레에 끼친 큰 은혜와 국민대학교의 기초를 세워 주신 학은學恩을 영원히 기념하기 위하여, 그리고 이 학원에서 자라나는 젊은이들이 해공 선생의 높으신 민주이념과 건학정신을 본받을 것을 바라는 마음에서 본교의 동창회를 중심으로 모교의 재단·교직원·재학생, 그리고 모교와 인연이 깊은 인사의 정성을 모아 여기에 해공 신익희 선생의 동상을 건립한다.

서기 1983년 7월 18일

국민대학교 동창회

해공 신익희 선생 동상건립위원회

찬撰·제자題字 남덕우南悳祐,

조각彫刻 엄태정嚴泰丁

탄생 90주년(1983년) 기념으로 국민대학교 교정에 건립한 신익희 선생의 동상.

민주적인 리더십을 기리며

해공 선생의 주요 어록

정치인들의 막말과 네거티브가 난무하는 세태에서 해공 선생의
장중하고 금도 있는 발언은 시대를 뛰어넘어 오늘에도 지혜와 감
동을 주기에 충분하다. 주요 어록語錄을 살펴본다.

● 세계의 역사는 인간의 존엄성을 인정하는 민주주의의 큰 길로
  전진하고 있다. 한강의 깊은 물이 흘러가는 것을 보면 어떤 곳에는
  내려가는지 올라가는지 잘 모르게 보이는 곳이 있고, 또 어떤 곳에
  는 물이 뱅뱅 도는 곳도 있다. 그러나 쉬지 않고 한강수는 바다로
  바다로 자꾸 흐르고 있는 것이다. 이처럼 인류의 역사는 민주주의
  에로 줄기차게 흘러가고 있다. 이 흘러가는 주류主流에 어겨 반대하
  고 엎치락뒤치락하며, 심지어 마음이 뱅뱅 도는 분이 있다 하더라

도 결국은 다 같이 흐르고 말 것이다.

● 개인 때문에 국가가 필요하지 국가 때문에 개인이 필요한 것이 아
니다. 전체주의와 민주주의는 근본적으로 다른 것이 있음을 알아야
한다. 민주주의는 각 개인의 개성을 존중하는 데서 싹트고 발전된다
는 것을 명심해야 한다. 현대문명은 개인주의에서 발전되어온다.
즉 민주주의는 개인주의 체제로서 발전되는 셈이다. 이 점에서 우리
가 기억해야 할 것은 개인주의와 이기주의는 판이하다는 점이다.

이기주의는 자신의 이익을 위해서라면 남 해치는 것을 서슴지 않
는 나쁜 마음으로서, 우리가 배척하고 저주해야 하겠지만, 개인주
의는 내가 소중한 만치 남도 소중하다고 하는 인간의 야심의 산물
이다. 즉 개개인이 모두 건전하게 살아가게 되면 우리나라 모든 사
람이 잘 살 수 있다는 것이다.

● 벼슬살이의 요결要訣은 두려울 외畏, 이 한 자에 있을 따름이라 하
였다. 옛날의『치현결治縣訣』에 있는 말이다. 의義를 두려워하며, 법
法을 두려워하며, 상관을 두려워하며, 백성을 두려워하며 마음속에
항상 두려움을 간직하면 결코 방자放資한 일이 없을 것이요, 이것이
야말로 과오를 적게 할 수 있을 것이라는 말이다. 처사處事에 두려
운 마음으로 대하면 자연히 겸허하게 되고, 사욕私慾을 멀리하게 되
며, 근신謹愼하게 되고, 부지런해지며, 청신淸新한 정사政事가 이루어
지는 법이니 그 얼마나 요긴한 마음씨이겠느냐 하는 말이다.

266

● 사람이 세상을 살아가는 동안 크게 꺼려야 할 것은 교만驕慢과 사치奢侈이다. 교만에 있어서는 학식이 남보다 조금 더 아는 것이 있다 하여 남을 무시하는 오만傲慢한 말씨나 태도, 또 돈푼이나 가지고 있다 하여 없는 사람을 천대하는 버릇, 또 높은 자리에 올랐다 하여 잘난 체하는 거만한 행동 등 이 모든 것을 교驕라고 한다. 이것을 한자漢字로 쓰면 문교文驕·부교富驕·권교權驕라고 한다.

그리고 사치奢侈는 지나치게 향락적인 소비 또는 필요 이상의 치장을 말하는 것으로 옷치레, 음식치레, 집치레가 여기에 해당될 것이다. 의복은 검소하고 깨끗하게, 음식은 채소와 밥 한 그릇, 국이 있으면 더욱 좋지, 매일 먹는 것으로 이 이상 무엇이 더 필요하겠느냐? 사는 집 또한 용신容身할 정도면 되지 무슨 호사스럽고 광활한 집이 필요 있겠느냐 말이다.

● 남의 의견을 들을 줄도 또 존중할 줄도 모르는 정치인은 민주주의를 할 자격이 없다.

쓸 만한 집 한 칸 없다고 집 한 채 마련하라고 권고하나 내가 망명 때 항일독립이 평생의 소원이었고 이제 반 조각이나마 독립된 조국에서 국사를 맡게 되었으니 더 바랄 게 있겠는가.

● 위정자는 모름지기 공변되고 인자하고 깨끗하며 곧아야 한다.

● 사람을 상대하여 이야기할 때에는 태도는 온화 태평하고 주장은 견결 명료해야 한다.

● 여러 사람의 일은 여러 사람의 뜻대로 이루어져야 한다. 어느 한 사람이나 몇몇 사람의 뜻으로 이루어짐은 이것이 독재이고 전제인 것이다.

공부하는 학생들도 책을 읽으면서도 나라를 보호하는 일을 잊지 말라.

● 사람마다 저 잘난 맛에 산다. 내가 잘났다 생각하면 남의 잘난 것도 인정해주어야 한다.

● 감투는 머리에 얹고 다니지 말고 발뿌리에 놓고 다녀라. 국가 이익에 어긋나고 국민 복지에 해가 되어 자기 위치와 능력으로 감내하기 어려울 때는 미련 없이 박차고 그만둘 각오와 마음의 자세가 되어 있어야 한다.

● 국가공무원으로서 부정부패로 죄악이 관영貫盈한 자는 동대문 남대문에 효수경중梟首警衆하여 본보기를 보여야 하느니라.

● 서로의 주장이 다를수록 타협하고 절충해서 타협점을 찾든가 또는 자기의 주장을 설득으로써 상대방의 동의를 얻어 일을 처리해야 한다. 이것이 민주주의니라.

● 사람마다 얼굴이 다르듯이 의견이 나와 다르다고 해서 폭행을 한다든지 심지어 테러를 한다는 것은 비극이고 하나의 큰 죄악이다.

민주적인 리더십, 두 가지 측면

한국 현대정치사에서 해공 신익희 선생은 돋보이는 인물이다. 독립운동에 크게 기여한 후광을 바탕으로 민주적인 리더십은 두 가지 측면에서 도드라진다.

하나는 지극히 권위적인 행정부 수반 이승만과 대좌하여 입법부의 독립성과 권위를 지켜낸 점이다. 1948년 5월 31일 제헌국회가 소집되어 최연장자인 이승만이 의장, 해공이 부의장에 선출되었을 즈음 국회의 한 장면이다.

이승만 의장은 우리말 표현에 서툴렀고, 법률적·사무적인 일에도 서툴러서 사회를 볼 때에는 어리둥절할 때가 있었다. 그럴 때마다 신익희 부의장과 사회를 바꾸어 진행했다. 이 의장이 대통령이 되자 신 부의장이 의장이 되었는데 신 의장은 신언서판을 갖춘 분으로 능란하게 사회를 하였으며, 가끔 사회를 부의장에게 맡기고서 토론에 적극적으로 참가하기도 하였다.[1]

국회가 반민특위를 구성하여 친일분자들을 처리할 때, 이승만 세력이 두 차례에 걸쳐 날조한 국회프락치사건으로 현역의원 13명을 구속하는 등 국회가 위기에 처해 있을 때, 그리고 부산정치파동 당시 정부안의 일부 극우세력이 국회해산을 모의할 때, 이 대통

---

1   이호진·강인섭, 『이것이 국회다!』(삼성출판사, 1988), 59쪽.

령과 만나 부당한 처사를 따지는 등 견제 역할을 할 수 있었다.

후일 '원 맨' 이 박사와 마주 앉아 당당히 1 대 1로 사리를 따질 수 있는 국내 유일의 정치인이 해공이었다는 것도 그가 비단 국회의장이라는 직책에 앉아 있었기 때문만은 아닌 것이며, 원숙한 정치수완 속에 감추어진 혁명가적 기백에서 솟아나는 자연스러운 분위기였던 것이다.[2]

다른 하나는 공직자로서 청렴성을 지키면서 권위를 유지할 수 있는 지도자의 전형을 보인 것이다. 자기가 만든 국민대학과 떠맡아서 육성한 신문사를 관계자들에게 넘겨준 것이나 사저를 공관으로 만들어 국가에 헌납하고 전세생활을 감당한 것은, 본인도 본인이지만 가족의 공감이 없으면 쉽지 않은 일이었다. 그만큼 그는 '수신제가'의 수범을 보여주었다.

현실에 바탕을 둔, 그러나 원칙을 지키는 정치

그는 또한 대단히 실사구시적인 정치지도자였다. 흔히 다수의 정치인들이 예나 지금이나 구름 잡는 식의 허장성세를 일삼는 데 비해 그는 항상 현실에 바탕을 둔 정책과 방략을 추구했다. 하지

----

2   최석채, 「신익희론」, 《정경연구》(1965년 9월호), 99쪽.

만 원칙이 짓밟힐 때는 결코 용납하지 않았다. 부산 피난 시절 이
승만이 영구집권을 획책하며 발췌개헌에 이어 사사오입 개헌을
감행하자 분연히 일어나 여야, 무소속의원 60명을 이끌고 호헌동
지회를 조직했다. 호헌동지회는 한국 전통야당의 원조격인 민주
당의 뿌리가 되었다.

해공 선생은 이승만 대통령이 1인 지배체제를 구축하고 영구집
권에 나서자 1950년 초,

1. 반공·반독재
2. 대의정치 및 책임정치 확립
3. 민주우방과의 협조체제 제휴

를 통한 평화적 국제질서 등을 골자로 하는 신당발기 취지문을 직
접 쓰고, 민주당을 창당하여 이승만 독재와 맞섰다.

해공 선생은 식민지 → 해방 → 분단 → 단정수립이라는 변혁
기의 중심인물 중 한 분이었다. 분단정부 참여는 임시정부 주류
와는 엇박자의 행보였다. 하여 '노선 선택의 이중성'이라는 평가
도 따른다.

신익희는 전통적 소양과 근대적 소양을 균형 있게 접목시키고,
외교·법률·내무에 능통한 문인적 풍모이면서도 군사·무력의 중요
성을 아는 지도자, 풍찬노숙의 민족운동가와 합리적 선택에 능한
현실정치인의 면모가 적절히 배합된 드문 인물로 꼽힌다.

이러한 성향은 한편으로는 그의 폭넓은 사고와 동선動線을 보여
주는 것이지만, 다른 한편으로는 '삶의 복합성'을 보여주는 면모들

이다. 이러한 복합성은 때로는 환경의 불가피한 반영이거나 발전적 전환의 모습을 보여주지만, 때로는 노선 선택에서 이중성으로 작용하여 비평적 분석을 요구하기도 한다.[3]

때가 아니면 은인자중하여 때를 기다리는 정치가의 금도, 어떠한 위기에서도 그 위기에 탈출구를 만들어내어 파국을 면하게 하는 조절의 역량, 한번 결의하면 뚫어낼 때까지의 정열, 예각적인 대립 속에서도 화기和氣를 잃지 않는 원숙, 이런 것들이 해박한 지식의 구사와 더불어 해공의 활동적인 인격형으로 완성하여 그 억센 파도 가운데서도 찍 소리 없이 대大야당을 이끌어왔던 것이 아닐까.[4]

우리 현대사는 국가적으로 대단히 불행한 과정이었다. 무엇보다 외세가 만든 분단체제를 극복하고 민족자주의 민주공화제를 실행할 지도자들이, 여운형·김구에 이어 해공이 서거하면서 차례로 사라졌다.

해공 선생이 건재하여 그때 평화적인 정권교체가 이루어졌으면, 이승만의 독재와 부패의 늪지에서 기형적으로 성장한 정치군인들의 쿠데타와 같은 변태는 발생하지 못하고 민주주의가 발전했을 것이다. 대체가 쉽지 않은 인물인 해공 선생의 돌연한 죽음은, 이런 의미에서 큰 국가적 손실이자 정치사의 비극이었다.

---

3 도진순, 「해방 전후 신익희의 노선과 활동」, 『한국현대사인물 연구 (2)』, 94쪽.
4 최석채, 「신익희론」, 101쪽.

해공 선생은 소싯적부터 명필이어서 많은 글씨(휘호)를 남겼다. 독립기념관에 세워진 애국 시·어록비에는 '단성보국丹誠報國'이라는 휘호가 대리석에 새겨져 있다. "일편단심 오로지 나라를 위하여 충성을 다하자"라는 뜻이다. 대표적인 휘호와 선생의 생애를 가장 충실하게 집약하고 있는 내용이라 하겠다.

1894년 7월 11일(음력 6월 9일), 경기도 광주군 초월면 서하리 사마루
      마을에서 출생.

1910년 관립 한성외국어학교 영어과 졸업.

1912년 일본 와세다대학교 정경학부 입학.
      고학으로 학비를 조달하며 정세윤, 송진우, 문일평 등과 학우회
      를 조직하고 기관지《학지광》을 발간하며 민족정기 고양.

1916년 와세다대학교 졸업.

1917년 귀국하여 중동학교와 보성법률상업학교에 교수로 부임하여 비
      교헌법과 국제공법, 재정학 등을 강의하면서 조국독립을 역설.

1918년 최린, 임규, 윤홍섭, 최남선, 정노식 등과 독립선언서를 발표할
      것과 해외 독립운동단체와 동시에 궐기할 것을 모의하고, 기독
      교 대표 이승훈과 천도교 손병희 선생의 협조를 받아 중국 각지

의 독립운동단체를 순방하면서 3·1 독립선언문을 배포하며 3·1 운동 거사를 설명하고 이시영, 홍범도, 문창범, 김우진, 조소앙 등도 만나 거사를 모의.

1919년 해외 독립운동을 벌이다 귀국 후 일경의 지명체포령을 피해 3월 19일 상하이로 망명.

4월 10일 대한민국 임시정부 수립에 참여, 제1회 의정원 회의에서 의원에 피선되고 대한민국 임시헌장 기초위원으로 위촉받아 헌장 제정의 주역을 담당. 내무차장 겸 내무총장서리, 의정원 법제분과위원장, 임시의정원 부의장을 역임하고 국무원 제1호 지방조직체인 연통제를 공포, 실시.

9월 의정원 법제의원장에 선임되어 대한민국 임시헌법의 제정을 주관, 11일에 선포.

1920년 임시정부 내무총장서리, 외무총장서리, 국무원비서실장 역임.

1921년 임시정부 법무총장, 문교부장, 외교부장, 의정원부의장 등 역임.

1923년 중국 국민당정부의 요청으로 산시성 주둔 제2군 후징이 독군 휘하의 육군중장으로 위촉되어 한·중 연합 유격부대인 분용대를 조직, 훈련을 담당, 다른 한편 주중 소련대사 카라한과의 외교를 전담.

1927년 중국 난징정부 심계원에서 일하면서 임시정부를 후원하고 독립운동단체들과 연계하며 무장독립운동 전개.

1929년 윤기섭, 성주식, 최용덕, 김홍일, 민병길과 난징에서 한국혁명당 조직.

1933년 김규식, 김원봉 등과 대일전선통일동맹 결성.

1935년 신한독립당, 의열단, 조선혁명당, 한국독립당, 대한독립당 등을 통합하여 민족혁명당 조직.

1937년 김인철과 조선민족투쟁동맹을 창건하여 중국 각지에서 항일 독립운동을 지도.

1942년 난징에서 상하이로 복귀하여 광복군 창설에 매진.

1944년 좌우합작 연립내각 수립, 임시정부 내무부장에 취임.

1945년 일본의 패망으로 조국 광복을 맞아 임시정부요원의 귀국절차를 중국정부와 주중미군 당국과 교섭. 1진을 출발시키고 12월 1일 2진으로 귀국, 군산공항에 내려 조국 땅에 입맞춤.

12월 초, 행정연구반을 구성, 건국 후 시행할 행정자료를 수집.

12월 28일 신탁통치반대국민총동원위원회 결성에 참여, 31일 오후 종로에서 대대적인 신탁통치반대 시위 주도. 이날 임정 내무부장 이름으로 '국자 1호', '국자 2호' 포고령을 내려 군정청 산하의 한국인들은 임정의 지시를 따르도록 명령, 파업 단행.

1946년 1월 1일, 미군정청에 의해 신익희 체포령이 내림.

1월 7일, 정치공작대원 3인을 북으로 밀파하여 찬탁으로 돌아선 좌익수도 평양에서 반탁시위를 일으킴.

6월 19일, 자유신문사 사장에 취임.

8월, 반탁진영의 총집결체인 대한독립촉성국민회의 부위원장 (위원장은 이승만)으로 추대.

10월, 국민대학교와 경남대학교를 창립하여 학장에 취임, 대한체육회 회장에 추대, 남조선과도입법의원의 민선의원으로 당선.

1947년 1월 20일, 입법의원에 반탁 결의안을 긴급 발의하여 하지 사령관의 좌우합작 정책에 제동.

7월 20일, 한독당이 좌우합작에 의한 남북총선을 고집하므로 한독당을 조용히 탈당.

1948년 2월 23일, 입법의원에 남조선총선거 촉진결의안을 제출, 만장일
치로 통과시켜 26일의 유엔소총회의 남한 단선 결의를 뒷받침.

3월 2일, 입법의원에서 김규식 의장의 사표를 수리하고 그 후임
으로 선생을 입법의원 의장으로 선출.

3월 5일, 총선 대비 33인 민족대표단의 7인 상임의원으로 취임.

3월 22일, 입법의원으로서 건국에 필요한 국회의원 선거법을 제
정하여 공포.

5월 10일, 대한민국 제헌국회의원 선거에 출마하여 경기도 광주
군에서 무투표 당선.

5월 20일, 입법의원 폐원에 즈음하여 입법의원 폐원사를 낭독.

5월 31일, 제헌국회 개원과 더불어 국회부의장으로 선출(의장은
이승만).

6월 1일, 법규기초의원 선출을 위한 10인 전형위원에 선임되어
헌법 및 정부조직법 등 건국입법에 착수.

6월 4일, 헌법 초안 발표.

7월 20일, 이승만 의장이 대통령이 됨으로써 공석이 된 국회의장
에 당선.

11월, 지청천, 배은희 등과 대한국민당 결성, 위원장에 피선.

1949년 2월, 대한국민당과 한국민주당의 합당으로 민주국민당 결성, 4
인 최고의원으로 선출.

1950년 3월, 국회 방미사절단장으로 워싱턴을 방문, 북한 남침 가능성을
역설.

5월 30일, 제2대 국회의원에 당선.

6월 20일, 제2대 국회의장에 피선(초대 1, 2기와 2대 1, 2기를 합
쳐 연 4회 국회의장 연임 기록 수립).

1953년 5월 18일, 국회의장으로 영국 엘리자베스 여왕 대관식에 참석,

우방 26개국 순방.

1954년 제3대 국회의원 선거에 출마하여 탄압을 무릅쓰고 당선, 소위 사
사오입 개헌파동의 충격으로 호헌동지회 결성.

1955년 9월 18일, 재야정치인연합으로 민주당 창당, 대표최고위원으로
피선.

1956년 5월 3일, 민주당 대통령 후보로 지명되어 저 유명한 한강백사장
에서 30만 군중에 사자후.
5월 4일, 호남 유세차 호남행 열차로 전주로 가던 중, 5일 아침에
열차 안에서 향년 63세로 서거.
5월 5일, 유해가 서울역에 도착하여 효자동 자택으로 행하던 중
애도하는 군중과 선생의 사인에 의문을 가진 공명선거촉진 전
국학생들의 시위로 2명의 사망자와 27명의 부상자 발생, 700여
명 검거(그날 검거 구속된 분들이 만든 것이 지금의 5·5의거동
지회).
5월 23일, 전 국민의 애도 속에 수유리 산 74-3 산록에 안장. 해
공 신익희 선생 기념사업회 결성.

1962년 최고훈장인 대한민국건국장 추서.

1983년 국민대학교 동창회가 주관하여 '해공 선생 유품전' 개최.
탄생 90주년에 즈음하여 국민대학교 교정에 '해공 신익희 선생
동상' 건립.

1987년 남한산성 입구에 '海公 申翼熙先生 追慕碑' 건립.

1988년 경기도 광주군 초월면 서하리 160-1 해공 선생 생가를 경기도 향
토유적 제4호로 지정.

1996년 해공 신익희 선생 기념사업회를 사단법인으로 국가보훈처 제5

호로 등록.

사단법인 해공장학회 설립.

2000년 국회사무처 주관으로 국회의사당 노텐더(중앙홀)에 '海公 申翼熙 議長像' 동상 건립.

경기도 광주시 주관으로 남한산성 광장에 '海公 申翼熙 先生 銅像' 건립, 경기도 광주시 초월면 서하리에서 남한산성으로 가는 길을 '海公路'로 명명.

2001년 서울시 강동구 천호동 448-49 마을마당에 강동구청 주관으로 '海公 申翼熙 先生 銅像' 건립.

2002년 강동구청에서 '海公文化賞'을 제정, 시상.

2005년 신익희 선생 고택(서울시 종로구 효자동 164-2)을 서울특별시의 지정문화재로 지정.

2009년 신익희 선생 고택 상·하채 증수 완료.

2012년 묘소(수유리 산74-3호)가 국가문화재 제520호로 등록.

독립운동과 민주화의 큰 별
해 공 신 익 희 평 전
ⓒ 김삼웅, 2022 Printed in Seoul, Korea

초판 1쇄 찍은날 2022년 5월 18일
초판 1쇄 펴낸날 2022년 5월 25일

지은이   김삼웅
펴낸이   한성봉
편집   최창문·이종석·강지유·조연주·조상희·오시경·이동현
콘텐츠제작   안상준
디자인   정명희
마케팅   박신용·오주형·강은혜·박민지
경영지원   국지연·강지선
펴낸곳   도서출판 동아시아
등록   1998년 3월 5일 제1998-000243호
주소   서울시 중구 퇴계로 30길 15-8 [필동1가 26] 무석빌딩 2층
페이스북   www.facebook.com/dongasiabooks
전자우편   dongasiabook@naver.com
블로그   blog.naver.com/dongasiabook
인스타그램   www.instargram.com/dongasiabook
전화   02) 757-9724, 5
팩스   02) 757-9726
ISBN   978-89-6262-434-2 03910

만든 사람들
편집   김경아·최창문
크로스교열   안상준
표지 디자인   최세정